Introdução às ciências da religião: buscando o diálogo com outros saberes

SÉRIE PANORAMA DAS CIÊNCIAS DA RELIGIÃO

Introdução às ciências da religião: buscando o diálogo com outros saberes

Joachim Andrade

Rua Clara Vendramin, 58 | Mossunguê | CEP 81200-170 | Curitiba | PR | Brasil
Fone: (41) 2106-4170 | www.intersaberes.com | editora@intersaberes.com

Conselho editorial Dr. Alexandre Coutinho Pagliarini | Drª Elena Godoy | Dr. Neri dos Santos | Dr. Ulf Gregor Baranow ‖ *Editora-chefe* Lindsay Azambuja ‖ *Gerente editorial* Ariadne Nunes Wenger ‖ *Assistente editorial* Daniela Viroli Pereira Pinto ‖ *Preparação de originais* Fabrícia E. de Souza ‖ *Edição de texto* Letra & Língua Ltda. – ME ‖ *Capa e projeto gráfico* Sílvio Gabriel Spannenberg | yoolarts e mycteria/Shutterstock (imagens) ‖ *Diagramação* Estúdio Nótua ‖ *Designer responsável* Charles L. da Silva ‖ *Iconografia* Regina Claudia Cruz Prestes

---

Dados Internacionais de Catalogação na Publicação (CIP)
(Câmara Brasileira do Livro, SP, Brasil)

Andrade, Joachim

    Introdução às ciências da religião: buscando o diálogo com outros saberes/ Joachim Andrade. Curitiba: InterSaberes, 2022. (Série Panorama das Ciências da Religião)

    Bibliografia.
    ISBN 978-65-5517-106-8

    1. Religião 2. Teologia cristã I. Título. II. Série.

22-122108   CDD-200.15

Índices para catálogo sistemático:
1. Ciências da religião   200.15

Cibele Maria Dias – Bibliotecária – CRB-8/9427

1ª edição, 2022.

Foi feito o depósito legal.

Informamos que é de inteira responsabilidade do autor a emissão de conceitos.

Nenhuma parte desta publicação poderá ser reproduzida por qualquer meio ou forma sem a prévia autorização da Editora InterSaberes.

A violação dos direitos autorais é crime estabelecido na Lei n. 9.610/1998 e punido pelo art. 184 do Código Penal.

SUMÁRIO

8 | Apresentação
14 | Como aproveitar ao máximo este livro

17 | **1 Ciências da religião: múltiplas nomenclaturas e campo de atuação**
18 | 1.1 Discussão preliminar
22 | 1.2 O nome *ciência da religião*
25 | 1.3 O nome *ciências das religiões*
27 | 1.4 O nome *ciência das religiões*
30 | 1.5 O nome *ciências da religião*
33 | 1.6 Origens modernas das ciências da religião
34 | 1.7 Ciências da religião como disciplina acadêmica autônoma
36 | 1.8 Uma breve conclusão sobre o uso das nomenclaturas

42 | **2 Origem das religiões e ciências da religião: uma análise do fenômeno religioso**
43 | 2.1 Trilhas do fenômeno religioso
46 | 2.2 Realidade última: uno e múltiplo
51 | 2.3 Origens das religiões
63 | 2.4 Ciências da religião e fenômeno religioso

69 | **3 Ciências da religião e teologia: paralelismos, aproximações, diferenças e especificidades**
71 | 3.1 Os caminhos da teologia
73 | 3.2 A busca das normas de teologia
76 | 3.3 Mudanças de paradigmas na teologia
78 | 3.4 Bases epistemológicas de teologia
80 | 3.5 Paralelismos entre ciência e teologia

91 | **4 Ciências da religião e outras ciências humanas**
92 | 4.1 Ciências da religião e história das religiões
96 | 4.2 Ciências da religião e antropologia
99 | 4.3 Ciências da religião e geografia
101 | 4.4 Ciências da religião e filosofia
105 | 4.5 Ciências da religião e sociologia
107 | 4.6 Ciências da religião e psicologia
109 | 4.7 Comentários gerais

115 | **5 Ciências da religião e o cristianismo**
116 | 5.1 Origem do cristianismo
119 | 5.2 Difusão do cristianismo
121 | 5.3 Primeiras divergências no cristianismo
123 | 5.4 Cisma do Oriente
124 | 5.5 Reforma Protestante
125 | 5.6 Pentecostalismo
127 | 5.7 Sagrada Escritura e tradição eclesial
129 | 5.8 Ciências da religião e cristianismo

134 | **6 O papel da pluralidade religiosa na formação sociocultural do Brasil**
136 | 6.1 Mapeamento da pluralidade do Brasil
136 | 6.2 Pluralidade geográfica
138 | 6.3 Pluralidade cultural
140 | 6.4 Pluralidade étnica e religiosa
144 | 6.5 Pluralidade híbrida
146 | 6.6 Pluralidade do ateísmo e das irreligiosidades
148 | 6.7 Ciências da religião e rumos acadêmicos no Brasil

154 | Considerações finais
158 | Referências
165 | Bibliografia comentada
167 | Respostas
169 | Sobre o autor

APRESENTAÇÃO

A proposta deste livro é refletir sobre a religião em perspectivas diversas, procurando entender sua importância para a humanidade, suas estruturas e suas complexidades. Atualmente, *religião* é um termo demasiadamente generalizado, desgastado e, por vezes, mal aplicado. No senso comum, é natural confundir a instituição religiosa com a religião em si mesma. No entanto, quando buscamos entender a religião e seus contextos de origem, percebemos que o caminho de fato não foi esse:

> A religião como natural é uma das principais reivindicações dos estudiosos evolucionistas do assunto. A despeito desse posicionamento não ser novo na ciência, é importante reconhecer a dimensão dessa afirmação. Transcendência, Deus, entidades espirituais seriam consequências ou derivações de processos mentais, o que, em última instância, é similar a dizer que a religião é uma produção da mente para a qual estamos significativamente tendenciados. (Franco, 2018, p. 28)

O fenômeno da mundialização, que cresceu exponencialmente no século XX, com o desenvolvimento dos meios de comunicação e das novas tecnologias, está convertendo o mundo em uma grande sociedade unitária, uma aldeia mundial, na qual as culturas e as religiões de cada sociedade, até agora isoladas e mutuamente ignorantes, fazem-se vizinhas e se vêem obrigadas a conviver. Na atualidade, todas as religiões estão em contato mútuo e estão presentes nas outras (Vigil, 2006).

As ciências da religião apresentaram diversos aspectos referentes às tradições religiosas. Entende-se que, a partir de seus estudos, as tradições religiosas surgem no determinado momento da humanidade em culturas diferentes e fazem parte do processo civilizatório que elas não simplesmente se reduzem aos credos, ritos ou nas instituições religiosas, pois são bem mais amplas e envolvem várias outras realidades. Por isso, a "Religião" deve ser repensada ponderando-se os contextos pluriculturais e plurirreligiosos, que é nosso intuito neste livro.

As ciências da religião devem ser analisadas sob a perspectiva do desenvolvimento da sociedade, com a passagem dos períodos de secularismo, modernidade, pós-modernidade, globalização e mundo multipolarizado. Nesse processo, houve uma mudança no campo religioso, e o teocentrismo gradativamente deu lugar para o antropocentrismo, oferecendo as possibilidades para o ser humano realizar as próprias escolhas religiosas. O movimento migratório trouxe o conhecimento de outras culturas, povos, assim como do conteúdo religioso de tradições até então desconhecidas, as quais se tornaram fascinantes para acolher e seguir. A fragilidade da teologia em responder aos anseios humanos que se tornavam cada vez mais complexos significava o deslocamento da ideia de teocentrismo, e houve o entendimento de que um único método teológico não conseguiria responder a esses anseios. Para tratar dos problemas humanos, o campo da teologia, em um primeiro momento, utilizou o mecanismo que chamamos de *diálogo inter-religioso*, um estudo comparado das religiões, possibilitando o conhecimento adequado destas. No entanto, posteriormente, quando o objeto do estudo – fenômeno religioso – apresentou certa complexidade em sua compreensão, surgiu a necessidade da aplicação de múltiplos métodos científicos, o que deu origem às diversas nomenclaturas para analisar o mesmo fenômeno religioso.

O fundamental é manter um olhar contextual para a realidade acadêmica brasileira, como apresentado por Afonso Maria Ligorio Soares em seu prefácio para o livro de Frank Usarski, *Constituintes da ciência da religião: cinco ensaios em prol de uma disciplina autônoma*, no qual afirma:

> Em nossos anos de devotamento à causa da pesquisa da religião no Brasil, temos percebido o crescimento da demanda, em nossas academias, por obras que esclareçam as devidas distancias entre o estudo científico da religião e as produções propriamente teológicas, em que o componente confessional é explicitado ou pressuposto nas entrelinhas do discurso. A oportunidade da iniciativa pode ser medida pelas recentes e pendentes discussões acerca de Ensino Religioso nas escolas públicas, que pressupõem um profissional qualificado, não em uma determinada teologia confessional, mas justamente na – pouco conhecida entre nós – Ciência da Religião. (Soares, 2006, p. 5-6)

No entanto, encontramos certas dificuldades por conta da amplitude e da complexidade da própria disciplina, que exigem alguns cuidados acadêmicos, a fim de que se possa evitar um olhar reducionista nas análises. Conforme Alves (2009) as dificuldades podem ser identificadas em três áreas:

- **Conceituação**: o trabalho das ciências da religião é algo extremamente complexo, a começar pela conceituação do termo *religião*, pois qualquer conceito é reducionista, ou seja, nunca diz na totalidade o que é o objeto conceituado. É fundamental encontrar um conceito consensual, aceito pela maioria dos pesquisadores.
- **Termos**: as ciências da religião devem recorrer ao vocabulário de outras ciências ou saberes, o que exige do pesquisador uma precisão na utilização dos termos.
- **Heranças**: os primeiros estudos feitos na área mostraram a necessidade de o pesquisador reconhecer os preconceitos e os limites da teologia, para que, assim, possa realizar um estudo mais objetivo e aberto. O estudo comparado das religiões revela

essas amarras. Ao se comparar as religiões tendo o cristianismo como modelo, descobriu-se uma ideologia inerente que colocava a cultura europeia como superior às demais. Ainda hoje usamos terminologias e definições sobre as religiões oriundas do final do século XIX, que nos amarram a algumas ideias que facilmente nos induzem ao erro no estudo das tradições religiosas.

Cientes dessas dificuldades, buscamos estruturar esta obra em seis capítulos distintos, que tentam responder às questões que enfrentamos.

No primeiro capítulo, discutimos as questões mais teóricas sobre nomenclatura e a história de origem das ciências da religião como disciplina acadêmica. Existem vários autores que assumem nomenclaturas como *ciências da religião, ciência da religião, ciência das religiões* e *ciências das religiões* com os embasamentos teóricos adequados. Aprofundamo-nos em cada nomenclatura, nos autores defensores e em suas razões para escolha de tais terminologias. Também apresentamos o caminho trilhado pelas **ciências da religião** (a terminologia escolhida para a obra) como disciplina moderna, no contexto acadêmico, como uma disciplina autônoma.

No segundo capítulo, debatemos o fenômeno religioso tendo por base a reflexão das ciências da religião, de fundamental importância para compreendermos a estrutura da religião. Apresentamos a história das religiões, que se encontra intimamente vinculada ao fenômeno religioso; bem como as semelhanças e divergências das manifestações do fenômeno religioso conforme contextos, épocas e culturas diferentes, fornecendo as pistas para novas abordagens e conceitos. Estabelecemos também a relação entre as ciências da religião e o fenômeno religioso, buscando aprofundar e conhecer a estrutura das religiões como objeto do estudo.

No terceiro capítulo, analisamos a relação da teologia com as ciências da religião, evidenciando os aspectos práticos e teóricos. Para tal procedimento, serão trazidos fundamentos epistemológicos e o caminho histórico de teologia, além das mudanças de paradigma teológico no transcurso do tempo. As abordagens estabelecem também aproximações, semelhanças e divergências na tentativa de construir um diálogo aberto entre essas duas ciências.

No quarto capítulo, examinamos a relação das ciências da religião com outros saberes das ciências sociais, com os quais existe uma íntima conexão histórica. Portanto, no primeiro momento, abordamos o caminho histórico das religiões, para, em seguida, adentrarmos nestes saberes: antropologia da religião, geografia da religião, filosofia da religião, sociologia da religião e psicologia da religião. Todos se relacionam de modo muito próximo com o conteúdo das religiões.

No quinto capítulo, tratamos da relação entre as ciências da religião e o cristianismo. É fundamental apresentar os contextos do nascimento do cristianismo e sua expansão no decorrer dos dois milênios. Evidenciamos, também, a relação entre Sagrada Escritura, Tradição e Magistério; como se encontra a construção da fé na tradição que se embasa na revelação divina e de que maneira o magistério coordena o conjunto da preservação da estrutura e da doutrina. Percorremos o caminho da história do cristianismo, no qual os cristãos têm se dividido por disputas teológicas que resultaram em muitas ramificações distintas. Os maiores ramos do cristianismo são Igreja Católica, Igreja Ortodoxa Oriental, Igrejas Protestantes e, nos últimos anos, Igrejas Pentecostais.

Finalmente, no sexto capítulo, mapeamos as pluralidades do Brasil, um país que apresenta a diversidade em todos os campos. Apresentamos sucintamente essas diversidades, que consistem em geográfica, cultural, étnica e religiosa, além da pluralidade ateísta e irreligiosa, um fenômeno contemporâneo do Brasil que não pode ser deixado de fora da análise. Ainda examinamos a cultura híbrida, que aponta para uma nova identidade sociocultural brasileira como resultado da globalização e qual seria o papel das ciências da religião nessa nova realidade. Com essa divisão, buscamos facilitar a construção processual da hipótese de que as ciências da religião são uma disciplina autônoma, com lugar específico na Academia (Usarski, 2006). Optamos simplificar o conteúdo no intuito de criar um interesse pela disciplina e por essa vasta ciência que trata do complexo fenômeno chamado de *religião*. Esperamos que este trabalho contribua para uma melhor compreensão da presença religiosa tanto em nossa existência quanto na da sociedade.

Boa leitura.

COMO APROVEITAR AO MÁXIMO ESTE LIVRO

Empregamos nesta obra recursos que visam enriquecer seu aprendizado, facilitar a compreensão dos conteúdos e tornar a leitura mais dinâmica. Conheça a seguir cada uma dessas ferramentas e saiba como elas estão distribuídas no decorrer deste livro para bem aproveitá-las.

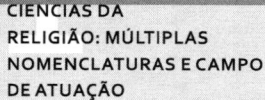

Introdução do capítulo
Logo na abertura do capítulo, informamos os temas de estudo e os objetivos de aprendizagem que serão nele abrangidos, fazendo considerações preliminares sobre as temáticas em foco.

Síntese
Ao final de cada capítulo, relacionamos as principais informações nele abordadas a fim de que você avalie as conclusões a que chegou, confirmando-as ou redefinindo-as.

que se apresenta em modalidades diferentes, sendo necess[ário]
método adequado para tratar o fenômeno religioso.

INDICAÇÕES CULTURAIS
UNICAP – UNIVERSIDADE CATÓLICA DE PERNAMBUC[O].
Inaugural EaD em Ciências da Religião. 23 ago. 201[9]
nível em: <https://www.youtube.com/watch?v=z0lgcs[...]
Acesso em: 12 jun. 2022.
Nesta aula inaugural da Universidade Católica de Pernamb[uco]
feitos apontamentos sobre o contexto atual do ensino r[eligioso]

ATIVIDADES DE AUTOAVALIAÇÃO
4. Quais são as quatro diferentes nomenclaturas dada[s à]
ciência que estuda as religiões e o fenômeno religioso[?]
A) *Ciências das religiões, ciências da religião, ciência da religiã[o]
das religiões.*
B) *Ciências das religiões, ciências da religião, teologia, filoso[fia]*
C) *Ciência da religião, antropologia, sociologia, ciência das r[...]*

Indicações culturais
Para ampliar seu repertório, indicamos conteúdos de diferentes naturezas que ensejam a reflexão sobre os assuntos estudados e contribuem para seu processo de aprendizagem.

ATIVIDADES DE AUTOAVALIAÇÃO
1. Teologia e ciências da religião constituem dois campos [distintos]
em suas abordagens. Sobre o tema, assinale a afirmativa[...]
A) As ciências da religião abordam o conteúdo herdad[o da tra-]
dição, e a teologia centra-se na interpretação do c[onteúdo]
utilizando um método científico.
B) A teologia aborda o conteúdo sobre os espírito[s an-]
tepassados herdado da tradição, e as ciências da [religião]
centram-se na interpretação do conteúdo utiliza[ndo um]
método.
C) A teologia aborda o conteúdo herdado da tradição, [e as ciên-]
cias da religião centram-se na interpretação do c[onteúdo]
utilizando um método científico.
D) A teologia aborda o conteúdo herdado das tradiç[ões reli-]
giosas orientais, e as ciências da religião centra[m-se na]
interpretação do conteúdo utilizando um método c[ientífico.]
E) A teologia e as ciências da religião nunca tiveram [re-]
lação, pois aquela trata somente da vida dos santo[s...]

Atividades de autoavaliação
Apresentamos estas questões objetivas para que você verifique o grau de assimilação dos conceitos examinados, motivando-se a progredir em seus estudos.

Durkheim e Max Weber.
D) A denominação *ciência das religiões* aponta um méto[do cien-]
tífico aplicado à realidade do fenômeno religioso [de]
modo plural. Não houve promotores dessa ideia.
E) A denominação *ciência das religiões* aponta que existe[m vá-]
rios métodos ligados ao fenômeno religioso. Os pro[motores]
dessa ideia foram Karl Max e Émile Durkheim.

ATIVIDADES DE APRENDIZAGEM
Questões para reflexão
1. Analise os motivos e as repercussões da designação es[colhida]
para a disciplina pelos cientistas da religião no Brasil[: ciência]
da religião.
2. Qual é diferença entre o estudo da religião como cre[nte e o]
estudo da religião como cientista da religião?

Atividades de aprendizagem
Aqui apresentamos questões que aproximam conhecimentos teóricos e práticos a fim de que você analise criticamente determinado assunto.

Bibliografia comentada

Nesta seção, comentamos algumas obras de referência para o estudo dos temas examinados ao longo do livro.

BIBLIOGRAFIA COMENTADA

AGNOLIN, A. **História das religiões**: perspectiva históric[o-com]parativa. São Paulo: Paulinas, 2013.
A obra apresenta a história das religiões na perspectiva [inter]co-religiosa, ao mesmo tempo embasada em autores an[tropó]logos, sociólogos e historiadores das religiões. A primeira [parte] concentra-se na fundamentação do fenômeno do sagrado [como] fenômeno universal. Neste livro, é interessante notar o trata[mento] dado à fenomenologia das religiões: uma leitura antropo[lógica,] mas com apontamentos claros. A segunda parte trata da [proble]mática do religioso que deu a origem aos diversos conflito[s entre as] diversas ciências. O autor consegue dialogar com as manifes[tações] contemporâneas e, assim, estabelece um possível diálogo [entre]

CIÊNCIAS DA RELIGIÃO: MÚLTIPLAS NOMENCLATURAS E CAMPO DE ATUAÇÃO

O mundo contemporâneo é um mundo da construção das ciências, e isso é visto como natural pela geração deste momento. Nesse contexto, encontramos uma fricção constante entre as teologias idealizadas e a hegemonia das ciências, e é evidente que o mundo e os seres humanos se entregam ao domínio das ciências acreditando em sua capacidade de encontrar saídas para as precariedades que enfrentamos cotidianamente na vida. Como sabiamente aponta Passos (2013, p. 23):

> A cultura científico-tecnológica tornou-se, antes de tudo, um modo de vida. Mesmo nos recônditos mais distantes e nas camadas sociais mais baixas, os resultados da tecnologia se fazem de alguma forma presentes com suas migalhas ou, cinicamente, com seus detritos. A ciência tornou-se a origem da sobrevivência e da convivência humanas e sem ela já não se come, não se move, não se trabalha e não se pensa.

No campo da religião, esse movimento recebe tratamento sob perspectivas diversas, com as análises baseadas nas ciências humanas, como filosofia, antropologia, teologia e psicologia, as quais abordam os aspectos específicos da religião conforme seus interesses. No entanto, a disciplina denominada **ciências da religião** se ocupa sistematicamente das religiões em suas manifestações. Portanto, o objetivo dessa disciplina é fazer uma descrição a mais detalhada e ampla possível de fatos concretos presentes no universo religioso. No campo acadêmico, intenta possibilitar um entendimento histórico da gênesis e do desenvolvimento das religiões, "escapando das armadilhas do reducionismo histórico, que podem aprisioná-lo a fatos e acontecimentos, tirando-lhe a percepção das inter-relações com as diversas áreas da vida" (Alves, 2009, p. 18).

Neste capítulo, apresentaremos, primeiramente, uma discussão preliminar sobre o surgimento da nomenclatura *ciências da religião*, já que existem vários conceitos assumidos por autores diferentes. No segundo momento, apontaremos as diversas terminologias a fim de aprofundarmo-nos nas razões das escolhas por um ou outro nome feitas pelos cientistas de religião. Finalmente, abordaremos o caminho trilhado pelas ciências da religião como disciplina moderna, entrando no contexto acadêmico também como uma disciplina autônoma.

1.1 Discussão preliminar

O debate sobre a religião é um tema antigo. A primeira evidência disso se encontra na elaboração dos mitos em diversas culturas, que abrangiam a criação dos deuses, dos homens, a existência do bem e do mal; além disso, abordavam os conflitos entre deuses e homens e o papel dos deuses em relação aos seres humanos. Foram criados dois mundos no imaginário dos antepassados sábios: um idealizado e um real, apresentado na concepção grega de Platão; ou um mundo imaginado e o mundo vivido, trazido por Geertz

(1991) em sua obra *Negara*, que trata da vida religiosa na cultura balinesa. Mendonça (2001, p. 103) resume essa ideia: "a evidência primordial de que o homem se situa num plano oscilante entre duas realidades distintas, mesmo opostas, mas absolutamente complementares: o mundo dos deuses e o mundo dos homens". No decorrer dos séculos, o desenvolvimento desse discurso no campo da fenomenologia da religião abriu espaço para se criar um ramo específico, o das ciências da religião, da teologia, visto como mãe dos assuntos pertencentes à religião.

Existem divergências entre os cientistas de religião quanto à nomenclatura das ciências da religião. Nos últimos anos, a Associação Nacional de Pós-Graduação em Teologia e Ciências da Religião[1] (Anpter) tem discutido as semelhanças e as diferenças entre teologia e ciências da religião, já que o estudo das religiões traz múltiplos rumos para conceituar e apresentar a nomenclatura. Como apontam Barsalini e Amaral (2016, p. 126): "'Ciências das Religiões', 'Ciências da Religião', 'Ciência da Religião', 'Ciência das Religiões' são diferentes designações que tem se dado para a ciência que estuda as religiões e o fenômeno religioso". Como aponta Usarski (2007, p. 10, grifo do original):

> Enquanto essa heterogeneidade pode ser relevante para a representação externa da disciplina em seus respectivos ambientes, ela não atinge o consenso de seus representantes sobre a estrutura interna da matéria. Pelo contrário, há unanimidade sobre seu caráter **"pluralista"**, no sentido de uma "abordagem polimetodológica".

---

[1] Para resolver os problemas entre a teologia e as ciências da religião, as universidades que ofertam curso de Ciências da Religião criaram a Associação Nacional de Pós-Graduação em Teologia e Ciências da Religião (Anpter) para estabelecer mais diálogo entre as duas ciências. Assim, os teólogos podiam desenvolver suas atividades no campo de teologia, bem como os cientistas de religião em seu campo.

Qualquer que seja a terminologia, podemos dizer que as ciências da religião são uma disciplina que analisa sistematicamente as religiões em suas manifestações. Desse modo, qual seria a definição mais correta do objeto que queremos abordar? Existem diversas alternativas. Vejamos. Os cientistas da religião Filoramo e Prandi (2005) apontam que existem quatro alternativas em constante jogo. No pensamento lógico, elas nascem da possibilidade de se realizar os movimentos constantes entre singularidade e pluralidade e entre o método e o objeto. Os autores afirmam:

> Quem fala de ciência da religião tende, de um lado, a pressupor a existência de um método científico e, de outro, também de um objeto unitário. Quem, ao contrário, prefere falar de ciências das religiões, o faz porque está convencido tanto do pluralismo metodológico (e da impossibilidade de reduzi-lo a um mínimo denominador comum) quanto do pluralismo do objeto (e da não liceidade e até impossibilidade no plano da investigação empírica, de construir sua unidade). Entre esses dois extremos há duas soluções intermediárias. Assim, haverá quem fale de ciência das religiões ou, então quem prefere falar de ciências da religião. (Filoramo; Prandi, 2005, p. 12)

Podemos captar quatro aspectos esboçados por Usarski (2007) que apresentam múltiplas nomenclaturas. Em primeiro lugar, a pluralidade na nomenclatura da disciplina decorre da complexidade e à multidimensionalidade do fenômeno religioso em si. Por outro lado, houve certo desinteresse por parte das instituições acadêmicas pelas ciências da religião como disciplina, e a teologia parecia responder às inquietações do fenômeno religioso. Em segundo lugar, as ciências da religião têm a competência de cuidar da riqueza fenomenológica ao atuarem como ciência integral das religiões. Isso aponta que as religiões se originaram em ambientes distintos, o que promove as múltiplas manifestações. Em terceiro lugar, o crescimento da ciências da religião como disciplina depende das relações que ela constrói com as disciplinas de ciências humanas e também com as disciplinas tradicionais, como Teologia e Filosofia. Além disso, são necessárias constantes pesquisas que introduzam as novidades do estudo do fenômeno religioso. Finalmente, em quarto lugar, o material produzido pelos pesquisadores com os esforços interdisciplinar e intradisciplinar coloca à disposição dos estudantes leituras e novas pesquisas no campo acadêmico (Usarski, 2007).

Nessa perspectiva, foram apresentadas outras nomenclaturas, como **ciência das religiões**, a qual indica que existe um único método científico para múltiplas religiões. Outros cientistas, porém, afirmam que há diversos métodos científicos para único fenômeno religioso, mas as formas de se aplicar esses métodos divergem conforme contextos geográficos e culturais do local de surgimento do mesmo fenômeno religioso. Portanto, a questão é analisar os processos que deram origem a essas diversas nomenclaturas, para que se possa fazer a escolha acadêmica brasileira para ciências da religião.

Essa reflexão abre espaço para duas concepções terminológicas: *ciência da religião* e *ciências das religiões*. Os cientistas de religião afirmam essas duas correntes, como apontam Barsalini e Amaral (2016, p. 126-127): "escolhemos alguns representantes desse debate: João Décio Passos e Frank Usarski que, como Hans-Jürgen Greschat, advogam a terminologia Ciência da Religião; e Giovanni Filoramo e Carlo Prandi, os quais empregam ao 'campo' o nome Ciências das Religiões".

Podem ser apontadas também outras abordagens: *ciências da religião*, que representa a utilização dos diversos métodos para analisar um único fenômeno religioso, e *ciência das religiões*, que aponta o uso de uma única metodologia de análise do fenômeno religioso que se apresenta em múltiplas formas.

1.2 O nome *ciência da religião*

Seus propagadores são Hans-Jürgen Greschat, Frank Usarski e João Décio Passos. Os dois últimos têm a pretensão de consolidar essa terminologia no campo acadêmico no Brasil em razão do entendimento epistemológico da religião na contemporaneidade. Os aspectos valorativos da ordem social da religião caíram em segundo plano, portanto, *ciência da religião* seria um novo campo de estudo que apresentaria teorias especificas para aprofundar o fenômeno da religião.

Quando nos referimos no singular – *ciência da religião* –, estamos lidando com a aplicação do método único para a abordagem do fenômeno religioso, visto também como singular. Esse fenômeno exige que haja um único método científico para seu estudo, apesar do desenvolvimento de seu conteúdo em culturas e regiões geográficas diversas. Trilhando a história do termo, temos:

> A expressão 'ciência da religião' (Religionwissenchaft) foi cunhada na segunda metade do século XIX para destacar a emancipação das ciências humanas em relação à filosofia e à teologia – até então, vozes imperantes – no tratamento dos fenômenos religiosos e das concepções últimas sobre o ser. Sem sobra de dúvida, um avanço incontestável para a ampliação, aprofundamento e reconhecimento de um leque de disciplinas modernas que emergiram rompendo com a rigidez e o obscurantismo de uma época. (Lima, 2001, p. 204)

O tratamento do fenômeno religioso na forma singular se deve a Joachim Wach, que considera: "Ciência da religião se assentava na necessidade de várias ciências abordarem não justapostas, mas organicamente associadas, tanto na natureza da religião e da experiência religiosa como a das suas expressões objetivadas" (Wach, citado por Lima, 2001, p. 204). Wach reconhece que existe um tratamento interdisciplinar para a religião, no campo da experiência do fenômeno religioso e nos mecanismos utilizados para preservar essa experiência religiosa. Desse modo, aproxima-se do pensamento do Émile Durkheim (1912, citado por Andrade, 2003, p. 45): "Os fenômenos religiosos ordenam-se em duas categorias fundamentais: crenças e ritos, as primeiras sendo representações e as segundas os modos de ação". De modo brilhante, Lima (2001, p. 205) resume essas duas dimensões:

> Ao considerar dois níveis de abordagem do fenômeno religioso, um primeiro que trataria da "experiência religiosa" *toutecourte*, circunscrito à fenomenologia, à psicologia, à psiquiatria; e um segundo nível que trataria da "expressão objetivada dessa experiência religiosa" (rituais, doutrinas e organizações religiosas), objeto da sociologia, da antropologia, da história.

Entre os dois universos – experiência religiosa e experiência objetivada –, devem ser introduzidas distintas disciplinas acadêmicas com suas especificidades, com empréstimos mútuos que criam uma relação interdisciplinar. Existe também outra forma de analisar os dois universos interconectados, com base na experiência e com base na intuição, como registra Radhakrishnan (1971, p. 13, tradução nossa):

> Embora crenças intelectuais arraigadas separem uma religião da outra, o hinduísmo não atribui tais limites. O intelecto está subordinado à intuição, o dogma à experiência, a expressão externa à visão interna. A religião não é a aceitação de abstrações acadêmicas nem a celebração de cerimônias, mas uma espécie de vida ou experiência. Ela é a percepção da natureza da realidade (*darśana*) ou da experiência da realidade (*anubhava*).

Acompanhando esse raciocínio, Barsalini e Amaral (2016, p. 128) corroboram o uso do nome *ciência da religião* no campo acadêmico, também defendido por Décio e Usarski. Os dois primeiros autores apresentam as subáreas constitutivas da ciência da religião:

A] *fundamentação epistemológica*, que compreende abordagens como a história da ciência da religião, discussões metodológicas, investigações sobre o estatuto epistemológico da área, reflexões relativas à filosofia e à fenomenologia da religião e debates em torno da relação entre as ciências naturais, a teologia e a religião;

B] *abordagens da linguagem*, as quais envolvem as linguagens religiosas, a hermenêutica da religião, as metodologias de estudos de documentos religiosos, o estudo das tradições religiosas, dos mitos e ritos religiosos, das expressões corporais, artes e linguagem midiática e religião;

C] *abordagens sociais*, no que se apresentam a sociologia da religião, a antropologia da religião, a história da religião, a economia e a geografia da religião;

D] *abordagens psicológicas*, que compreendem a história da psicologia científica da religião, as teorias clássicas e contemporâneas da psicologia da religião, a relação entre biologia, neurociência e religião, as relações entre psicologia e espiritualidade e a demais especificidades do campo da psicologia com a religião;

E] *abordagens aplicadas* da Ciência da Religião, em que se investiga a relação entre a religião e diversas áreas da vida humana como o turismo, a educação, o patrimônio cultural, dentre outras. (Barsalini; Amaral, 2016, p. 128, grifo do original)

Logo, o estudo da religião precisa ter um método científico próprio que dialogue com métodos de outras ciências humanas de modo interdisciplinar. Assim,

> converge para a perspectiva de uma *ciência da religião* – de cunho filosófico e fenomenológico – como modelo de "conhecimento científico" voltado para aspectos mais essenciais do objeto religioso como o "misticismo" e a "experiência religiosa", que presidiariam inclusive as *formas exteriores* que nelese revestem. (Lima, 2001, p. 207, grifo do original)

1.3 O nome *ciências das religiões*

Essa nomenclatura já indica que existem múltiplos métodos que possivelmente podem lidar com as diferentes tradições religiosas. Quando mencionamos *ciências*, reconhecemos esses múltiplos métodos e, com o termo *religiões*, apontamos para as diversas experiências religiosas que deram origem às religiões. Nesse caso, a aplicação de uma única metodologia científica não serviria para conhecer em profundidade o fenômeno religioso.

Os propagadores dessa denominação são Giovanni Filoramo e Carlo Prandi (2005), que trilham o caminho histórico do nome, principalmente o século XIX, quando ocorreram as ramificações de ciências humanas que deram origem aos estudos específicos, tirando a hegemonia da teologia e da filosofia sobre as demais. Apareceram disciplinas como Linguística, Antropologia Cultural, Sociologia e Psicologia, que também tratam de alguns aspectos dos fatos religiosos.

Os cientistas da religião Filoramo e Prandi (2005) passaram a defender o nome *ciências das religiões* depois das análises dos importantes fatores históricos, como a Revolução Industrial, o movimento colonialista global, a consolidação do Iluminismo e o declínio da hegemonia cristã no Ocidente. Esses aspectos deram espaço para estudo de história das religiões, comparando-se diversas tradições religiosas em virtude do fluxo migratório das populações de diversas culturas e religiões. Com essa visão, podemos concluir que havia a necessidade de uma ciência da religião apta a reunir os conhecimentos produzidos pelas diversas disciplinas em seus campos específicos (Barsalini; Amaral, 2016, p. 131).

Contudo, Filoramo e Prandi (2005) apresentam os limites nos modelos científicos de cada disciplina, já que cada uma carrega o prisma do seu interesse e, assim, outros aspectos fundamentais da religião não recebem o tratamento adequado. Além disso, os autoresreconhecem que o surgimento do fenômeno religioso tem seus próprios ambientes culturais, daí a necessidade de tratamento plural. Eles afirmam que a ideia de totalidade da ciência e do objeto científico não se sustenta e, por isso, nominam de *ciências das religiões* o campo que se dedica ao estudo da religião. Defendem que, nos dias de hoje, a exclusividade de qualquer modelo rígido de ciência obsta as ilimitadas possibilidades de desenvolvimento da pesquisa científica na área. O modelo rígido de ciência, baseado em um conceito racionalmente fortalecido, cede, pois, espaço a uma concepção de ciência mais flexível e pluralista, atrelada a uma diversidade metodológica na qual se dê vazão à subjetividade do pesquisador, à sua intuição e ao seu poder criativo (Barsalini; Amaral, 2016).

O entendimento desses dois cientistas é que existem dois campos distintos. Por um lado, o método científico pertence ao mundo dos seres humanos, dos pesquisadores, dos sujeitos da pesquisa; por outro, a religião é o fenômeno além dos humanos, da natureza, do objeto da pesquisa. Os autores apontam que "o fato decisivo que se opõe a qualquer separação radical entre as ciências do homem e as ciências da natureza é que as premissas das primeiras invadem o campo das segundas, enquanto as generalizações das segundas influem cada mais sobre as primeiras" (Filoramo; Prandi, 2005, p. 11).

A aproximação dois campos pode ser resolvida com a nomenclatura *ciências das religiões*, que ofereceria diversos métodos para múltiplas experiências do fenômeno religioso. Os dois cientistas alegam que essa aproximação integra os campos, pois o modelo está

> baseado, de um lado, na necessidade de um pluralismo metodológico que encontre no interior de cada trajetória as garantias da própria "cientificidade" e, do outro, na necessidade de levar em conta os aspectos "subjetivos" da pesquisa, que fazem parte integrante dela e, com frequência, são seus fatores decisivos. (Filoramo; Prandi, 2005, p. 11-12)

1.4 O nome *ciência das religiões*

Aponta para um método científico aplicado à realidade do fenômeno religioso visto de uma forma plural. Os promotores dessa ideia foram Émile Durkheim e Marcel Mauss, "para nomear aquilo que à época foi legitimado como científico no estudo das religiões e onde estes autores queriam intervir para cobrir insuficiências e acrescentar precisões teóricas" (Lima, 2001, p. 217). Esses sociólogos concebem que a religião é uma realidade construída na sociedade tanto mais primitiva quanto mais moderna e que sobrevive a todas as épocas com seus inúmeros símbolos ritualísticos.

Entendemos que o fenômeno religioso é algo universal e comum, independentemente da diversidade cultural ou da paisagem geográfica. Como aponta Andrade (2010, p. 23):

> Um único fenômeno, captado e percebido de forma plural de acordo com as diferentes regiões, produz respostas diferentes, que dão a origem às múltiplas tradições religiosas. A pluralidade dos conteúdos, à primeira vista, pode apontar para a pluralidade

das fontes; também pode ser analisada de dois modos: os seres humanos de diversas regiões geográficas veem a "Fonte" de forma variada, conforme sua região, ou a única "Fonte" apresenta-se sob múltiplas formas aos seres humanos de regiões diferentes.

Nessa visão se encontra o germe do fenômeno religioso: uno e múltiplo. Mas "a diversidade religiosa, o ritmo de contato entre as religiões e as mutações históricas por que passam desafiam uma ideia de generalização ou unidade, alternativa ao Evolucionismo" (Lima, 2001, p. 218).

A fricção entre o uno e múltiplo, a unidade e a diversidade, sempre existiu entre os filósofos indianos. Ainda assim notamos que a diversidade religiosa é um processo evolutivo, no qual existe a tentativa de aproximar o **todo** por meio dos conteúdos oferecidos pelas religiões. Buscar o conteúdo de cada religião significa criar uma comunidade de religiões, o que parece ser um sonho, mas muitos pensam que isso não somente é possível, mas também é necessário. A criação da comunidade das religiões aponta para o crescimento de atitudes de abertura de cada religião perante as demais. A existência de uma fé diferente não deve ser sinônimo de perigo iminente, muito pelo contrário, é algo que ajuda no próprio crescimento.

Portanto, percebemos um crescimento evolutivo, "que o mundo e todas as coisas nele são evolutivas ou em processo. Em outras palavras, estamos não em um estado de ser [*being*] mas em um processo de vir a ser [*becoming*]"(Knitter, 2002, p. 8, tradução nossa).

A ideia de um processo de vir a ser é altamente influenciada pela antiga metáfora de crescimento e declínio, que sugere uma continuidade de geração, progresso e desenvolvimento aplicada à vida social. A vida social é um processo dinâmico (*becoming*), e não estático (*being*). Victor Turner é um dos antropólogos americanos que fez sua pesquisa em diversos países da África para abordar como os aspectos religiosos e culturais embarcam no contexto social. Em sua análise do povo Ndembu do Congo, distingue dois conceitos: *sistemas naturais* e *sistemas culturais*. Os primeiros

> são dados objetivamente e existem independentemente da experiência e da atividade do ser humano; os sistemas culturais, ao contrário, dependem do ser humano não somente por seus significados mas também por sua existência, em suas relações, sendo algumas permanente, enquanto outras passam pelas mudanças. (Turner, 1974, p. 32)

Paul Knitter (2002), aplicando esse método às outras ciências e religiões, vê o processo evolutivo em cada área tanto nas ciências exatas quanto nas ciências humanas e resume desta forma:

> Alfred North Whitehead e Charles Hartshorne percebem o mundo envolvido em uma aventura da criatividade por meio do processo. O universo de Pierre Teilhard de Chardin evolui com dificuldade, mas gradualmente da biosfera até a noosfera até a unidade do ponto ômega, que ele identifica como Cristo cósmico no fim dos tempos. Alguns budistas contemporâneos elaboram a descoberta de Sidharta Gautama de um mundo em constante transformação por um processo de origem comum dependente. O hinduísmo de Aurobindo imagina um mundo em evolução que segue para a divinização. A grandiosa e evolucionista "História do universo", de Thomas Berry e Brain Swimme, encontrou grande ressonância entre pessoas preocupadas com a situação do ambiente.(Knitter, 2002, p. 9, tradução nossa)

O que importa são os mecanismos utilizados para se obter uma visão do todo, e um único método de **ciência das religiões** pode fornecer isso. Percebemos que "nenhuma religião possui a visão total de Deus. A grandeza divina é revelada através de fragmentos e quando um fragmento se encaixa em outro e unimos os nossos pontos de vista, aproximamo-nos do Todo" (Andrade, 2005, p. 42). É como a história dos cinco cegos tocando o elefante: cada um tem uma percepção, todas elas limitadas a seu mundo empírico. Podemos dizer que nenhum deles está certo, mas não podemos dizer que todos estejam completamente errados. Quando unimos esses pontos de vista, chegamos perto do todo.

1.5 O nome *ciências da religião*

Nesse caso, considera-se a **multiplicidade de métodos aplicados à singularidade do fenômeno religioso**. Esse caminho é o escolhido no campo acadêmico brasileiro, inclusive nesta obra. Embasada nas ciências sociais, essa visão contempla os

> tratamentos diferenciados conferidos às diversas manifestações religiosas apreciadas. No interior de nossas ciências sociais, o respeito à autonomia e aos graus de especialização de cada ciência, mesmo que semelhantes e afins, levou a que o sociólogo Antônio Flávio Pierucci se sentisse desconfortaável com a generalização "ciências sociais da religião", preferindo tratar a produção intelectual dos diversos cientistas sociais da religião de "sociologia da religião". (Lima, 2001, p. 208)

No entanto, para tal abordagem, é necessário entender a unicidade do fenômeno religioso a fim de se aplicar a multiplicidade do método, que exige trilhar o caminho de algumas compreensões fornecidas pelos místicos e estudiosos.

A experiência religiosa do fenômeno religioso, ainda que seja variada, tem o mesmo e único **objeto da experiência**. Muitas vezes, essa experiência é chamada de *realidade última* pelos cientistas da religião. Alguns estudiosos e místicos trazem uma múltipla experiência da mesma realidade fundamentada nos símbolos e nas analogias. Por exemplo, Raimundo Panikkar (citado por Amaladoss, 1995, p. 187) aponta:

> As diferentes tradições religiosas da humanidade são como as cores em número quase infinito, que aparecem quando o divino ou simplesmente a luz total da realidade recai sobre o prisma da experiência humana: ela difrata-se em inúmeras tradições, doutrinas e religiões. Por meio de qualquer cor, isto é religião, pode-se chegar à fonte de luz branca.

É comum encontrarmos a afirmação de que a realidade suprema é una, mesmo que chamada por nomes diferentes, de acordo com o contexto histórico-cultural:

> Os hindus chamam Deus de Brahman, os muçulmanos invocam Alá, os cristãos o chamam de Pai. Todavia, esses nomes referem-se a uma única e mesma realidade, a saber, Deus. A base religiosa sobre a qual cada uma dessas tradições concebe Deus não é a mesma. O nome de Deus talvez seja um indicativo da região lingüística em que uma determinada religião se originou. (Andrade, 2019, p.38)

O nome não aponta a natureza atribuída a Deus, a finalidade da salvação que se vislumbra e o caminho proposto para que se atinja a finalidade. O pensador indiano Swami Vivekananda, que propagou o hinduísmo no Ocidente, afirma que

> assim como os muitos rios que têm suas nascentes em diferentes montanhas rolam terra abaixo, tortuosos ou retilíneos, e por fim chegam ao oceano – assim, todas essas crenças e religiões, partindo de diferentes pontos de vista e percorrendo caminhos tortuosos ou retilíneos, por fim chegam a Vós. (Vivekananda, citado por Amaladoss, 1995, p. 186)

Existe também uma comparação relativa ao campo linguístico, apontada por Panikkar, para afirmar a unicidade do objeto do fenômeno religioso:

> Qualquer religião é completa, assim como qualquer língua é também capaz de expressar tudo que sinta necessidade de expressar [...] Embora cada língua seja um mundo em si ela não deixa de ter relações com as línguas vizinhas, ao tomar empréstimos destas e estar aberta às influências mútuas [...]. As religiões são equivalentes na mesma medida em que as línguas não são traduzíveis e são singulares tanto quanto as línguas são intraduzíveis. (Amaladoss, 1995, p. 188)

Para concluirmos, das denominações apresentadas, a nomenclatura escolhida pelo campo acadêmico brasileiro remete ao estudo interdisciplinar e multidisciplinar da realidade última do fenômeno religioso. Portanto, a abordagem emprega métodos e *insights* da História, da Sociologia, da Antropologia e outras disciplinas acadêmicas para estudar crenças e práticas religiosas e suas consequências para a vida humana e a sociedade (Lima, 2002).

Cada vez mais percebemos que as religiões devem dialogar ou, pelo menos, dar as mãos, pois os contextos atuais exigem e apontam que uma única tradição religiosa é incapaz de responder satisfatoriamente aos nossos questionamentos e anseios e de nos fornecer uma resposta apropriada e satisfatória. "Pluralidade não é apenas uma 'questão de fato' mas uma 'questão de princípio'. Se aquecemos o 'diverso' até este se tornar 'uno', poderemos nos machucar e mutilar o mundo. Lógica e praticamente [...], a multiplicidade assume a prioridade em relação à unidade" (Schillebeeckx, citado por Knitter, 2002, p. 8, tradução nossa).

Portanto, podemos deduzir que:

- *ciência da religião* busca abranger a totalidade do fenômeno religioso com um único estudo científico;
- *ciências da religião* tem caráter pluridisciplinar, apontando múltiplos métodos derivados de outras ciências humanas para estudar o fenômeno religioso;

- *ciências das religiões*, por sua vez, indica que o fenômeno religioso deve ser compreendido de maneira variada, segundo os contextos geográficos e culturais, além de exigir a utilização dos métodos científicos interdisciplinares para se analisar as experiências religiosas pluriculturais;
- por fim, *ciência das religiões* abarca a diversidade dos fenômenos religiosos, considerando-os universais, sendo possível, por conta disso, empregar um único método científico para compreendê-los.

1.6 Origens modernas das ciências da religião

As origens modernas as ciências da religião remontam às escolas fenomenológicas, que se voltaram para os estudos comparativos das religiões sob diversas perspectivas, abrangendo ciências sociais como antropologia, filosofia e sociologia, tentando chegar ao consenso e apontando para uma nova ciência de estudo do mesmo objeto.

O termo *fenomenologia da religião* originou-se no processo do estudo sistemático da disciplina e foi cunhado pelo holandês P.D. Chantepie de la Saussaye na primeira edição do *Manual de história das religiões*, de 1878 (Filoramo; Prandi, 2005). Com isso, diversos cientistas buscaram analisar as religiões segundo as manifestações distintas e conforme as culturas e as regiões geográficas. Assim, "como o pressuposto da ciência da religião é a unidade da religião na multiplicidade das suas formas, seguia-se que a história das religiões, além de investigar as religiões em seu devir histórico, devia também evidenciar os aspectos permanentes da religião" (Filoramo; Prandi, 2005, p. 27).

Outros especialistas apontam que as ciências da religião são o que há de mais recente no campo do conhecimento, mas que essa delimitação não fornece espaço suficiente para recapitular a história da disciplina (Usarski, 2006). Outros afirmam que a religião é anterior à filosofia e que é daquela que a racionalidade grega tira as primeiras lições explicatórias do mundo (Mendonça, 2001), o que possibilitou o surgimento do estudo científico da religião. Segundo o mesmo autor, as "origens remotas [das ciências da religião] estão na filosofia, pode-se distinguir como sendo de utilidade para outras discussões futuras de filosofia da religião ou filosofia religiosa" (Mendonça, 2002, p. 143).

1.7 Ciências da religião como disciplina acadêmica autônoma

O debate sobre a religião como disciplina autônoma surgiu em razão das mudanças em sua história milenar, em culturas e épocas distintas. O aprofundamento sobre a autonomia da disciplina decorre de dois fatores:

- ao vasto campo das pesquisas realizadas pelos cientistas da religião, principalmente na Europa;
- às transformações verificadas por antropólogos, sociólogos e teólogos no interior do objeto de pesquisa – nesse caso, as transformações contínuas são observadas na elaboração de crenças e ritos, na construção de estruturas e comportamentos e nas apresentações de mitos e símbolos.

Existe algo peculiar detectado em pesquisa: "a existência de comportamentos e de respostas que parecem repetir-se, apesar das mudanças nas situações histórico-culturais" (Filoramo; Prandi, 2005, p. 18). Com isso, verificamos que as crenças religiosas têm dinâmica própria, que regula sua permanência na sociedade, passando por transformações gradativas e processuais. Ainda podemos dizer que

> como toda a realidade humana, também a realidade das religiões apresenta, para a investigação empírica, duas faces, igualmente constatáveis e humanamente fundadas, que ameaçam escapar da rede de uma abordagem rigidamente historicista. Junto com a face que muda, há uma face que permanece; ao lado da face histórica há uma face não é histórica. (Filoramo; Prandi, 2005, p. 18)

O primeiro pressuposto apresenta, com o pensamento de Usarski (2006, p. 16), o foco da ciências da religião:

> são as décadas por volta da virada do século XIX para o século XX, quando a disciplina ganhou sua forma paradigmática, embora nas décadas posteriores comunidades científicas em diferentes países tenham modificado esse perfil rudimentar de acordo com suas características e necessidades.

Com base nessa visão, foi instalada a primeira cátedra em ciências da religião, em 1873. No entanto, "o lançamento da famosa obra que enfatizou a complementariedade do lado empírico-histórico e do sistemático como estrutura obrigatória da Ciência da Religião. A proposta de Wach tornou-se um modelo normativo para a Ciência da Religião e desempenha esse papel até hoje" (Usarski, 2006, p. 16).

Além disso, é importante citarmos que a origem das ciências da religião como disciplina autônoma foi

> a busca de fatores e processos constitutivos para a manifestação da matéria nas universidades torna-se mais econômica quando inovações acadêmicas são consideradas revelações de um "espírito do tempo" contemporâneo, cujas implicações passam a ser retrospectivamente compreensíveis à medida que se refletem

sobre os axiomas, atitudes e o repertório instrumental da disciplina. (Usarski, 2006, p.16)

É bom observar que Usarski (2003) apresenta três razões distintas pelas quais a disciplina se tornou institucionalizada no campo acadêmico:

1. Em primeiro lugar, as ciências da religião como matéria acadêmica institucionalizada nas universidades europeias estabeleceu-se somente na segunda metade do século XIX e se constituía em um saber sobre religiões já comprovado desde a Antiguidade grega. No decorrer dos séculos, o saber sobre religiões ganhou *status* de um conhecimento digno da designação *ciências da religião*.
2. Em segundo lugar, as ciências da religião precisam ser concebidas como um ponto de intersecção de várias subdisciplinas e matérias auxiliares.
3. Por fim, em terceiro lugar, o autor apresenta o ponto de vista internacional, segundo o qual as ciências da religião desenvolveram traços específicos de acordo com as condições acadêmicas, o grau de colaboração com outras disciplinas e a presença de certas religiões.

1.8 Uma breve conclusão sobre o uso das nomenclaturas

Trilhamos o caminho de diversas nomenclaturas que analisam o objeto fenômeno religioso com suas múltiplas manifestações. A experiência religiosa é universal e se apresenta em modalidades diferentes. As diversas nomenclaturas indicam que estamos lidando com dois aspectos distintos: por um lado, com a **experiência religiosa** e, por outro, com o **método utilizado** para analisar a experiência religiosa. Assim, podemos perceber que

A pluralidade de conteúdos [...] pode ser analisada de dois modos: os seres humanos de diversas regiões geográficas veem a "Fonte" [do fenômeno religioso] de forma variada, conforme sua região, ou a única "Fonte" apresenta-se sob múltiplas formas aos seres humanos de regiões diferentes. (Andrade, 2019, p. 37)

Quanto ao método, estamos nos referindo aos métodos interdisciplinares para tratar o mesmo fenômeno. Alguns autores afirmam que é preciso ter um único método para ciências da religião, pois "a multiplicidade de métodos que impossibilita a discussão [da religião] em termos de sua singularidade" (Lima, 2001, p. 206). Outros afirmam que a religião se manifesta de maneira diversa, sendo necessários, portanto, múltiplos métodos para a análise.

Por outro lado, alguns autores consideram o fenômeno religioso como não singular, por isso empregam o termo *religiões* em vez de *religião*, e, assim, as religiões precisam ser tratadas com múltiplos métodos de modo interdisciplinar. No mundo acadêmico brasileiro, em virtude da pluralidade das manifestações dos fenômenos religiosos e da peculiaridade que abrange a religiosidade popular, foi escolhida a terminologia *ciências da religião*.

Síntese

O objetivo principal deste primeiro capítulo foi apresentar as diversas nomenclaturas da disciplina.

Há grupos de autores que defendem termos diversos para a ciência. Por conta disso, podemos encontrar o emprego das seguintes terminologias:

- *ciências da religião*;
- *ciência da religião*;
- *ciência das religiões*;
- *ciências das religiões*.

De modo genérico, podemos dizer que os autores citados neste capítulo compreendem o fenômeno religioso como universal, mas que se apresenta em modalidades diferentes, sendo necessário um método adequado para tratar o fenômeno religioso.

Indicações culturais

UNICAP – UNIVERSIDADE CATÓLICA DE PERNAMBUCO. **Aula Inaugural EaD em Ciências da Religião**. 23 ago. 2019. Disponível em: <https://www.youtube.com/watch?v=z0lgcsec0Mc>. Acesso em: 12 jun. 2022.

Nesta aula inaugural da Universidade Católica de Pernambuco, são feitos apontamentos sobre o contexto atual do ensino religioso.

Atividades de autoavaliação

1. Quais são as quatro diferentes nomenclaturas dadas para a ciência que estuda as religiões e o fenômeno religioso?
   a) *Ciências das religiões, ciências da religião, ciência da religião, ciência das religiões.*
   b) *Ciências das religiões, ciências da religião, teologia, filosofia.*
   c) *Ciência da religião, antropologia, sociologia, ciência das religiões.*
   d) *Ciências das religiões, geografia da religião, ciência da religião, ciência das religiões.*
   e) *Ciências da religião, sociologia da religião, ciência da religião, história das religiões.*

2. Amaladoss (1995, p. 182, grifo do original) observa: "Alguns diriam que a realidade Suprema é a mesma, embora seja chamada de nomes diferentes. Os hindus chamam Deus de *Isvar*, os muçulmanos invocam *Alá*. Os cristãos falam de *Javé*. Todavia, esses nomes referem-se a uma única e mesma realidade, a saber, Deus". Sobre o tema, assinale a afirmativa correta:

A] O transcendente é o mesmo, porém ele não carrega diversos nomes.
B] Os diversos nomes utilizados servem para mostrar a superioridade do Deus bíblico.
C] A realidade suprema é única, mas é vista e chamada por nomes diferentes.
D] Deus é um só, porém existem algumas discussões filosóficas sobre Ele.
E] A realidade última são muitas, mas assume os caminhos diferentes conforme o lugar.

3. Assinale a alternativa correta:
   A] Quando se trata a singularidade – *ciência da religião* –, aplica-se o método único para a abordagem do fenômeno religioso múltiplo.
   B] Quando se trata a singularidade – *ciência da religião* –, aplica-se o método múltiplo para a abordagem do fenômeno religioso singular.
   C] Quando se trata a singularidade – *ciência da religião* –, aplica-se o método único para a abordagem do fenômeno religioso singular.
   D] Quando se trata a singularidade – *ciência da religião* –, aplica-se o método múltiplo para a abordagem do fenômeno religioso múltiplo.
   E] Quando se trata a singularidade – *ciência da religião* –, aplica-se o método universal.

4. A denominação *ciências das religiões* nos indica que existem múltiplos métodos ou ciências que lidam com pluralidade das religiões. Os propagadores dessa nomenclatura são:
   A] Giovanni Filoramo e MirceaEliade.
   B] Émile Durkheim e Carlo Prandi.

c] Frank Usarski e Décio Passos.
d] Giovanni Filoramo e Carlo Prandi.
e] Émile Durkheim e Marcel Mauss.

5. Assinale a afirmação correta:
   a] A denominação *ciência das religiões* aponta um método científico aplicado à realidade do fenômeno religioso visto de modo plural. Os promotores dessa ideia foram Émile Durkheim e Marcel Mauss.
   b] A denominação *ciência das religiões* aponta um método científico aplicado à realidade do fenômeno religioso visto de modo plural. Os promotores dessa ideia foram Émile Durkheim e Karl Rahner.
   c] A denominação *ciência das religiões* aponta um método científico aplicado à realidade do fenômeno religioso visto de modo plural. Os promotores dessa ideia foram Émile Durkheim e Max Weber.
   d] A denominação *ciência das religiões* aponta um método científico aplicado à realidade do fenômeno religioso visto de modo plural. Não houve promotores dessa ideia.
   e] A denominação *ciência das religiões* aponta que existem muitos métodos ligados ao fenômeno religioso. Os promotores dessa ideia foram Karl Max e Émile Durkheim.

ATIVIDADES DE APRENDIZAGEM

Questões para reflexão

1. Analise os motivos e as repercussões da designação escolhida para a disciplina pelos cientistas da religião no Brasil: *ciências da religião*.

2. Qual é diferença entre o estudo da religião como crente e o estudo da religião como cientista da religião?

Atividade aplicada: prática

1. Em um parágrafo, disserte sobre as nomenclaturas adotadas para as ciências da religião apresentando semelhanças e diferenças entre as designações.

ORIGEM DAS RELIGIÕES E CIÊNCIAS DA RELIGIÃO: UMA ANÁLISE DO FENÔMENO RELIGIOSO

Apresentar o caminho histórico das religiões não é uma tarefa fácil. Diversos autores trouxeram estudos específicos da religião por meio da análise dos fenômenos religiosos. A compreensão da fenomenologia das religiões é fundamental para o entendimento da estrutura interna da religião, assim como conhecer a história das religiões. Esse estudo foi firmado em duas bases, como aponta Greschat (2006, p. 47): a **história da religião** e a **história comparada da religião** (ou fenomenologia da religião, ou ciência sistemática da religião).

De modo geral, os historiadores da religião investigam religiões singulares. O estudo comparado das tradições religiosas sempre exige o conhecimento sobre diversas tradições religiosas, o que permite compreender os conteúdos a fim de oferecer uma clareza sobre elas como objeto dos estudos comparativos. A criação da disciplina Ciências da Religião como autônoma possibilitou construir um sistema de análises das religiões sem perder de vista as complexidades de cada uma delas.

A estrutura das ciências da religião é multidisciplinar, o que lhe obriga ter um diálogo constante com os outros saberes, principalmente com as ciências sociais, aproximação esta que objetiva compreender melhor seu objeto de estudo. O resultado do estudo do fenômeno religioso conforme as culturas e as geografias distintas possibilita o reconhecimento de convergências e divergências. A identificação de traços comuns e distintos faz com que possamos perceber as tradições religiosas como um fenômeno antropológico universal, que existe em todas as culturas e em todos os povos.

Portanto, neste capítulo, apresentaremos o caminho histórico das religiões, que se encontra intimamente vinculado ao fenômeno religioso. As manifestações do fenômeno religioso têm divergências decorrentes dos contextos, das épocas e das culturas, o que promoveu o surgimento de novos conceitos e novas abordagens. Em um segundo momento, analisaremos a relação entre ciências da religião e fenômeno religioso, buscando aprofundar o conhecimento sobre a estrutura das religiões como objeto do estudo.

2.1 Trilhas do fenômeno religioso

Realizar o mapeamento do fenômeno religioso não é tratar unicamente de doutrinas, sistemas hierárquicos e instituições que representam o que ficou posteriormente conhecido como *tradições religiosas*. De fato, refere-se, antes de tudo, à própria humanidade, com suas múltiplas inquietações em busca da realidade última. Nessa tentativa de buscar as origens do fenômeno religioso, somos confrontados com o problema autêntico da linguagem: Como se explica a experiência religiosa e de que forma essa experiência vivida pelos nossos antepassados chega ao mundo atual?

Eliade (2008) aponta que existem diversas modalidades para nos aproximarmos dessa realidade última, que ele mesmo chama de *hierofania*, ou a percepção da consciência humana sobre a manifestação do sagrado. Esse conceito é delimitado por toda e qualquer hierofania histórica. "Muito embora separadas pelo contexto único de cada momento da história, as hierofanias possuem escalas de abrangência do local ao universal" (Eliade, 2008, p. 7). O sagrado e o profano seriam duas modalidades de existência assumidas pelos seres humanos em sua história e se constituem em maneiras de ser no mundo e no cosmos. Além disso, referem-se a "quando se trata de delimitar a esfera da noção de 'sagrado' que as dificuldades começam. Dificuldades de ordem teórica, mas também de ordem prática" (Eliade, 2008, p. 7).

Müller (citado por Agnolin, 2008, p. 15) aponta que,

> apesar da mitologia configurar-se enquanto uma linguagem de criança que exprime ideias infantis, ela se caracteriza enquanto uma "linguagem verdadeira" para uma "religião verdadeira": ela afirma-se, enfim, enquanto produto de uma específica experiência primordial vivida, da qual, na época sucessiva, só chega até nós um eco flébil.

No tratamento do conteúdo, é importante considerar o valor das tradições religiosas, sejam as primitivas, sejam das civilizações mais avançadas. Segundo Agnolin (2013, citado por Andrade, 2019, p. 22), as religiões dos primitivos

> podem ser consideradas, cronologicamente, estranhas aos contextos culturais que as subentendem: esse vício de fundo aponta para a perspectiva de uma contraposição característica das religiões que se diferenciariam segundo o plano que vai da "conservação" de um passado unificante em direção (e, portanto, inicialmente, em contraposição) a um "progresso" diversificante.

Antropólogo britânico, James Frazer aponta que a humanidade passou por três estágios de processo evolutivo. Como afirma Agnolin (2013, p. 38), a primeira, mais arcaica, teria visto o homem enquanto vítima de um erro de interpretação das forças que governam a natureza, entregando-se àquela falsa ciência que é a "magia", em seguida [...] "reforçada por uma teoria religiosa", à qual teria sucedido, finalmente a última fase, a da ciência.

Por outro lado, Durkheim atribuiu a dimensão funcional dos fenômenos religiosos em relação à sociedade, pois eles são projeção do próprio sistema social. Ainda na perspectiva funcionalista, Malinowski (citado por Agnolin, 2013, p. 42) apresenta o sistema religioso da seguinte forma: "é o que manifesta publicamente toda forma de contrato social que caracteriza a vida humana, fixando-o segundo uma forma tradicional que possa torná-lo repetível e subordinado a uma legitimação e a sanções sobrenaturais através das quais as ligações sociais são reforçadas e consolidadas".

A abordagem evolucionista do Wilhelm Schmidt, fundador da escola histórico-cultural, defende "o fato de que, nas origens, o homem devia ter conhecido um 'monoteísmo primordial' [...] revelado; em decorrência de sucessivas fases de decadência, enfim, teriam emergido as religiões" (Schmidt, citado por Agnolin, 2013, p. 43). Já a corrente fenomenologista se desenvolve com o teólogo luterano e filósofo kantiano Rudolf Otto, sob a perspectiva teológica. Para ele, "se a experiência religiosa não pode ser observada por si mesma, as características do Sagrado serão inferidas pelo sentimento que próprio sagrado inspira no 'homem religioso'. É esse sentimento que devia permitir analisar o religioso numa perspectiva declaradamente teológica" (Otto, citado por Agnolin, 2013, p. 44).

Andrade (2019) aponta que a teoria do sagrado ottonianano permite dizer que o homem, diante do sagrado, experimenta um duplo movimento espiritual: de um lado, o medo, o respeito, a reverência, e, de outro, a atração, a alegria e a confiança. Segundo o autor, "Otto traduz esta experiência religiosa como *misteriumtremendum et facinas* – *tremendum*, o elemento repulsivo e terrível; *facinas*, o elemento atraente" (Andrade, 2019, p. 25).

2.2 Realidade última: uno e múltiplo

Um olhar espontâneo sobre o mundo cultural e religioso envolve muitas variedades, convergências e divergências, com diálogos constantes, assim como atritos. Existe unidade e, ao mesmo tempo, a diversidade. O fio condutor que une essas diferenças é apontado por Kung (2004, p. 16) quando afirma que, "apesar de todas as diferenças de crença, de doutrina e de ritos, também podemos perceber semelhanças, convergências e concordâncias". Essa ideia também é sustentada por Eliade (2008, p. 7), que cita: "todas as definições do fenômeno religioso apresentadas até hoje mostram uma característica comum: à sua maneira, cada uma delas opõe o sagrado e a vida religiosa ao profano e à vida secular".

Para o pensamento contemporâneo, o problema fundamental é descobrir a mística envolvida na construção do significado do **todo** ou da **totalidade**. As tradições religiosas tentaram resolver esse problema com a construção de certos conceitos, por exemplo, a Tríade Hindu, em que o uno se apresenta em três (Brahma, Visnhu e Shiva); o *shunhata* (o vazio do budismo), segundo o qual a diversidade preservada no vazio é, ao mesmo tempo, una; a Santíssima Trindade da tradição cristã, em que o uno é, ao mesmo tempo, trino. Esse é o mecanismo utilizado pelas tradições para resolver o problema da unidade na diversidade e da diversidade na unidade.

As sociedades modernas vivem como adversárias e, assim, alienadas das possibilidades de se fazer uma experiência de convivência, esquecendo o problema fundamental do todo. A mística utilizada na construção da Tríade Hindu e da Santíssima Trindade fornece a visão de todo. Podemos entender esse processo por meio da cultura africana. Vejamos o que diz Fernandez (1986, p. 165, tradução nossa):

> para analisar aspectos verbais de certos movimentos religiosos africanos que se relacionam com o retorno ao todo. Pictorializando dessa forma, podemos inspecionar as imagens organizadoras que estão em jogo no desenvolvimento do ritual e ver como microcosmo e macrocosmo, coisas internas e coisas externas, centros e periferias, coisas superiores e coisas inferiores, tempo presente e tempo passado estão relacionados. Pois, com essas partes, o todo é organizado.

Aplicando essa ideia à Tríade Hindu, ao vazio budista e à Santíssima Trindade, percebemos que as tradições religiosas estão se preocupando com as relações humanas ou restaurando as relações com a realidade última. Não por acaso, a mística é desenvolvida pelos sábios antigos dessas três tradições e dá sentido à realidade última, que é una e, ao mesmo tempo, múltipla.

Místicos e antropólogos buscaram os meios de resolver as inquietações e divergências sobre a realidade última. Para eles, as manifestações de vivências originárias entram no ser humano por janelas diferentes, as quais promovem semelhanças e divergências. Podemos identificar, inicialmente, duas janelas: a primeira, apontada pelos místicos, é a janela dos sentidos; a segunda, indicada pelos antropólogos, é a janela criada na experiência cotidiana.

2.2.1 Janela dos místicos

Nela, os sentidos talvez sejam o meio mais importante com base nos quais construímos o universo interior. Os sentidos nos colocam em relação com o mundo externo, da natureza. A manifestação do sagrado é percebida pelos sentidos, principalmente a visão, que ativa os outros sentidos. Como registra a Bíblia (Êxodo, 2002, 3: 7-10), "Eu vi o sofrimento do povo, eu ouvi o clamor deles, eu conheci eu por isso desci para libertá-los". Os sentidos não permanecem só ali, como afirma Maçaneiro (2011, p. 16), "atravessando a janela dos sentidos, as vivências originárias caem no fundo no abismo que somos nós e deixam lá dentro um toque, uma impressão. Como dizemos em fenomenologia, essas vivências imprimem em nós uma inscrição interior".

Os místicos falam do mesmo fenômeno utilizando linguagem diferente: "em busca de pontos comum" (Kung, 2004); "unidade na diversidade e diversidade na unidade" (Anand, 2004); "uma ponte entre as religiões" (Dalai-Lama, 2015); "casamento entre Ocidente e Oriente" (Griffiths, 1993). Quem faz distinção e conexão nessa imensa diversidade é o ser humano, em virtude de suas múltiplas inquietações sobre si e sobre aquilo se encontra ao redor. Como diz Maçaneiro (2011, p. 15), "Nós humanos tecemos essa rede, matizando as cores e nucleando os nós. Assim, tecemos a vida e construímos sentido para o presente e o futuro. [...]. Mudam-se os territórios e os códigos, permanece a humanidade, sempre intérprete e decifradora do mundo".

A construção da interioridade é realizada segundo essa impressão e instala-se profundamente para delinear, aos poucos, seus contornos, apresentando-se como centro, interpretando a si mesmo como norteador da experiência sagrada. As tradições religiosas têm mecanismos próprios e consideram as partes centrais do corpo definidas conforme os efeitos espirituais. Como podemos ver, a tradição judaico-cristã atribui esse centro ao coração; as tradições indianas, como hinduismo e budismo, ao intelecto; a tradição chinesa, ao ventre.

Andrade (2019, p. 27, grifo do original) estabelece uma relação entre centro e periferia, levando-a ao contexto da experiência do sagrado:

Uma vez que estabelecida a ideia do **centro**, elaboram-se os conceitos, brotam as percepções, intuições através das quais a relação do sujeito com seu mundo ao redor. Os conceitos se elaboram à medida que se avança no esforço de interpretação e classificação das experiências, que delineiam a identidade religiosa de sujeitos e de comunidades. A partir dessa identidade religiosa o sujeito experimenta a sacralidade a partir do seu centro, une presente e futuro, tremor e fascínio, alegria e dor. Nesse ponto originam-se as **sínteses existenciais**, arranjos de sentidos, formas de estar integrado e dividido e finalmente experiências de infinitude e finitude.

A experiência religiosa começa a ser muito mais nítida e visível, abrindo várias janelas, tanto para o cotidiano como para o além – ao Outro absoluto. Tempo e espaço estendem-se, e o sujeito torna-se profundamente religioso; começa a ver "o não visto" e a ouvir "o não dito".

Como afirma Maçaneiro (2011, p. 16, citado por Andrade, 2019, p. 27):

Tendo experimentado em si tal sensação mediante vivências originárias, uma árvore não será mais só uma árvore, uma montanha significará algo mais que mero acidente geográfico, a água não será simplesmente H_2O. Tudo se faz porta-voz de algo que está aí, mas não se pode dizer; de algo que se ouve, mas não se consegue proferir por inteiro. O que seria isto? É o Sagrado em que tudo habita, o Sagrado que se fez perceber – em lampejos sutis – na vivência originária. Abrindo janelas para o Sagrado, tais vivências permitem passagens: do exterior ao interior, do conhecido ao desconhecido, o dizível ao indizível, do ordinário ao extraordinário, do breve ao duradouro, do presente ao futuro, do material ao imaterial.

As experiências originárias deixam suas marcas na memória, consequentemente no campo cognitivo. Esses registros, no decorrer dos anos, recebem as expressões concretas em símbolos, narrativas, mitos, ritos e outros movimentos, como cultos comemorativos próprios.

2.2.2 Janela dos antropólogos

Essa janela se encontra na variedade geográfica. A percepção do fenômeno religioso é feita pelos sentidos, que são utilizados conforme a região. Por exemplo, o deserto aponta a existência da transcendência no céu azul ou estrelado em razão da dureza de vida cotidiana; a terra fértil promove a imanência do divino por conta da presença da bela natureza ao redor. O fator geográfico é determinante na organização da experiência religiosa, que apresenta múltiplas formas semelhantes e divergentes.

O conteúdo religioso, espiritual e moral das religiões é tirado dos contextos geográficos. A escolha ou construção dos lugares sagrados ou lugares de peregrinação tem íntima relação com a paisagem geográfica em que surgiram. Nos estudos, é fundamental descobrir por que cada tradição religiosa tentou relacionar seus conteúdos coma região geográfica e de que forma os sábios dos livros sagrados obtiveram o material inspirador para elaborar os conteúdos de ética, espiritualidade e moral que se tornariam pontos de referência para as futuras gerações das tradições religiosas.

Por fim, as duas janelas, dos místicos e dos antropólogos, abrem-nos possibilidades para conhecer como ocorre a transformação do fenômeno religioso em uma complexa estrutura das religiões, com seus conteúdos preservados em textos sagrados e ritos elaborados nos lugares sagrados bem estabelecidos.

2.3 Origens das religiões

O mundo misterioso das religiões pode ser englobado em três grandes correntes espirituais. A primeira corrente se volta ao Extremo Oriente, à figura-chave do místico das religiões originárias da Índia e à figura do sábio das religiões da China. A segunda corrente aponta para pessoa do profeta, ou seja, às religiões oriundas do Oriente Médio. A terceira corrente carrega a chave do mundo cosmológico e dos espíritos às religiões africanas e ameríndias.

2.3.1 Primeira corrente: religiões do Extremo Oriente, da Índia e da China

Índia e China geograficamente são imensos. Podemos ver que apresentam variedades de paisagens. No entanto, toda a civilização e a cultura religiosa desenvolveu-se ao redor das margens dos rios. Os dois países têm uma ligação direta com os oceanos, que facilitaram o comércio desde os tempos antigos. Assim, tiveram a possibilidade de construir em seu imaginário um complexo universo religioso vinculado tanto às divindades de cima quanto às intervenções constantes no mundo dos humanos.

A Índia é o berço das religiões, entre as quais se destacam o hinduísmo, o jainismo, o budismo e o sikhismo, que nasceram lá. Outras tradições, como o cristianismo e o islamismo, migraram posteriormente para a região e permanecem até hoje.

Aqui, apresentaremos sucintamente duas tradições indianas: o hinduísmo e o budismo. Os aspectos geográficos integram a análise da tradição hinduísta, pois o **hinduísmo** nasceu na bacia fértil do Rio Ganges, onde aconteciam as atividades comerciais. Esse rio tem sua nascente nos picos do Himalaia e corre na região fértil do nordeste da Índia, trazendo o sossego para a vida humana. Assim, desde os tempos antigos até a atualidade, os indianos desenharam seus rituais com base nas relações metafóricas entre montanha e planície, como apresenta Abhishiktananda (1974, p. 138, tradução nossa):

> Contemplando os grandes picos dos Himalaias, o cume do mundo, a tentativa suprema da terra para alcançar os céus! Eles se jogam no vasto firmamento como se estivessem prontos para receber as águas mencionadas no livro do Gênesis, para captá-las e jogá-las na terra, primeiro como correntes torrenciais, abrindo espaço ao lado das montanhas, mas logo em seguida como os rios tranquilos nas regiões planas, fazendo-as férteis aos seres humanos. [...] Encontra-se nisso um mundo inacessível, do qual vem o ser humano e para qual ele vai retornar, e o mundo de baixo, no qual, por um momento, o ser humano é ordenado a lidar com sua vida terrena.

Inúmeros mitos foram elaborados segundo a imagem da região geográfica, principalmente ao redor do Rio Ganges. As margens desse rio abrigam sete cidades sagradas, o que simbolicamente remete a dois significados. O primeiro é a compreensão descendente que pertence ao divino: ele desce no fluxo da água, fornecendo tranquilidade ao povo. O segundo é a compreensão ascendente de que o ser humano trilha seu caminho em direção ao divino. Como aponta Wilfred (2002, p. 12-14), "nas férteis margens do Ganges, a vida flui ininterruptamente. O Ganges simboliza, assim, o Divino, que passa por nossas vidas tornando tudo vivo e florescente; significa o fluxo contínuo da divina graça em nossas existências, e suas inumeráveis expressões".

Por outro lado, Andrade (2019, p. 39) observa que, na compreensão hinduísta, os picos do Himalaia – principalmente o de Kailash – são a morada de Deus; as margens do Ganges, a morada do ser humano. Mutuamente atentos um ao outro, Deus e humanidade estabeleceram a relação espiritual segundo o conteúdo religioso.

O hinduísmo é considerado a mais antiga das religiões vivas da humanidade; não tem um fundador definido, portanto é chamada de *Sanathana Dharma*, ou *religião eterna*. Em alguns momentos, o hinduísmo é tido como uma filosofia de vida, dando possibilidades para diversas interpretações. Como também aponta Bowker (1997, p. 18), "suas crenças religiosas têm muitas características em comum, mas nenhuma expressão do 'hinduísmo' é capaz de exibir todas elas – há muitas maneiras de ser hindu: a religião popular, por exemplo, é muito diferente da filosofia religiosa". Andrade (2019, p. 50) afirma: "A palavra *hindu* foi inventada pelos muçulmanos para manter a pureza de sua raça e crença. Compreendido a partir da subdivisão – *hi* quer dizer violência, *du* significa longe –, o termo designa aquele que está longe da violência".

Por outro lado, cientistas da religião, historiadores e antropólogos procuram estabelecer um possível período para sua origem histórica e seu desenvolvimento, que deve ter sido por volta de 3000 a.C. Mais tarde, essa civilização desenvolveu uma divindade específica chamada de *Pashupathi*, "Senhor do Gado", que deu origem ao shivaísmo, que parece ser religião originária da Índia anterior ao hinduísmo.

O **budismo**, por sua vez, nasceu como protesto contra os complexos ritos do hinduísmo e como forte crítica ao sistema das castas. Valoriza a percepção direta da realidade. Os dois conceitos mais importantes da doutrina são: *Anatman* (negação do ego) e *Anichha* (transitoriedade ou impermanência).

Promovido pelo príncipe Sidharta Gautama, o budismo teve sua origem na região de Bodhgaya, nordeste da Índia, onde Sidharta passou 12 anos de isolamento para chegar à iluminação, descobrindo o desejo, o *dukha*, a principal causa do sofrimento humano. O conceito relevante da tradição é a transitoriedade, que aponta para uma cosmovisão circular, com o perene "nascer × crescer × morrer", o que dá novas possibilidades para os renascimentos perenes. Isso é o que causa o sofrimento e, quando o ser humano descobre seu sofrimento, essa descoberta racional o leva a eliminar o sofrimento.

A China é conhecida como terra dos três caminhos ou, em chinês, *San-chiao*. Esses três caminhos são: confucionismo, taoismo e budismo. As duas primeiras são originárias da própria China; já o budismo foi levado para lá no século I pelos monges budistas. As três religiões apresentam aspectos distintos e complementares ao mesmo tempo, e cada uma mostra um caminho que envolve tanto o mundo cosmológico quanto o mundo real vivido cotidianamente.

O **confucionismo** é o primeiro caminho, tradicionalmente chamado de *Ju Dii*, a doutrina dos sábios. Andrade (2019, p. 73) apresenta sucintamente esse caminho:

> O confucionismo, o primeiro caminho do *Sanchiao*, foi inspirado em Confúcio ou KongFu-Tseu, "Mestre Kung", inscrito nos *Analectos*. Ele, sem dúvida uma das maiores personalidades da China, tornou-se conhecido na Europa somente no século XVI, graças ao Padre Ricci, um missionário italiano que também foi responsável pela latinização do nome do mestre: Confúcio. Kong Fu-Tseu foi um verdadeiro reformador político-social, que pensava e agia de modo tão prático e decisivo em sua época que influenciou o destino da milenária China.

O **taoismo** refere-se a diversas religiões antigas da China e representa os movimentos místicos, harmonizando os elementos opostos, tentando unificar e buscar a suprema realidade.

> Literalmente, Tao é visto como a mais antiga das doutrinas; o mistério além dos mistérios; popularmente traduzido como "o caminho", mas também como "lei, doutrina ou princípio de ordem". Mais tarde, passou a ser conhecido de uma forma universal. Tao, como o caminho, inclui todas as coisas e explica todos os fenômenos, os

quais podem ser compreendidos somente através dos símbolos: a água corrente, o ato sexual, os pontos energéticos do corpo, ou o vale e a montanhas. Nesses símbolos dinâmicos, um taoísta pode encontrar uma profunda comunhão. (Andrade, 2019, p. 76-77)

O taoismo tem muitas ramificações e, apesar de ser considerado uma religião voltada para a natureza, tem cunho filosófico e arcaico; assim, foge da dimensão do campo religioso e passa a ser tido como filosofia de vida. No entanto, com o passar dos séculos, o taoismo desenvolveu uma estrutura bem elaborada[1], e seu conteúdo religioso passou a ser compreendido por meio da iconografia imensamente rica, ambígua e, ao mesmo tempo, de profundo valor simbólico.

2.3.2 Segunda corrente: religiões do Oriente Médio

O Oriente Médio é uma das regiões geográficas do mundo mais importantes por sua localização, por ser confluência de três continentes. Nessa região árida, com deserto e algumas regiões com terra fértil, nasceram três tradições: judaísmo, cristianismo e islamismo. As três tradições reconhecem Abraão como originário ou pai fundador, que iniciou seu caminho da fé vagando no vasto deserto para afirmar e elaborar seu modo próprio de crer.

Um dos fatos muito interessantes para obsrevarmos é que o Oriente Médio também é uma área de grande atividade sísmica e que agrega o mar Morto, a região mais baixa do planeta. Bonder (2008, p. 33) aponta que "todas as regiões do mundo com movimentos tectônicos são, da mesma forma, regiões de alta

---

[1] A institucionalização do taoismo ocorreu, porém, no transcurso do tempo. Isso pode ser visto, por exemplo, na instalação de um clero taoista poderoso em diversas cortes chinesas e na existência de complexos de devoção, como o de Wudang, em Hubei. Em tempos recentes – no século XX – houve, inclusive, o surgimento de expressões de um neotaoismo em regiões como a de Taiwan.

espiritualidade: o Oriente Médio, a Califórnia, os Andes, o México, o Himalaia. As áreas geologicamente instáveis ativam, no ser humano, a necessidade espiritual". Por outro lado, a construção da fé e a organização do sistema religioso recebe uma nova modalidade. Como observa Gheorghiu (2001, p. 8):

> No deserto, não existe obra humana ou natural que prenda a atenção, o pensamento ou o desejo dos homens. Nada pode distrair o homem da contemplação e da eternidade. O homem está permanentemente em contato com o infinito, que começa a seus pés. Quando o homem encontra Deus no deserto, fica-lhe fiel.

No deserto, não existe o apego a terra, pois as condições para viver são terríveis. Por isso, os povos do deserto são nômades. Um dos mecanismos utilizados por eles é olhar para cima, para o céu estrelado ou azul, onde existe a tranquilidade. Nesse mundo de cima se encontra o divino, e nele é construída a fé. O que é interessante notar no ser humano do deserto é o apego aos filhos, que se encontra no apego à raiz genealógica. Nessa visão, encontram-se as três tradições e seus conteúdos.

Conforme Andrade (2019, p. 94, grifo nosso),

> O **judaísmo** é uma tradição que reconhece um povo, uma terra e um Deus. Originalmente, os judeus eram chamados *yehude*, que significa "judaíta" (do país de Judá), "aquele que rende graças a Deus". Os judeus se sentem herdeiros de uma terra, escolhida por Deus, e são descendentes do povo hebreu.
>
> Acredita-se que os hebreus são descendentes de Heber, antepassado de Abraão. Eram chamados *habiru* ou, segundo a raiz aramaica, *ivri*, isto é, "os do outro lado do deserto" (arábico-sírio), região normalmente entendida como uma extensa área do Mediterrâneo oriental e que engloba a maior parte dos países atuais: Israel, Jordânia e Síria.

Na história de Israel, observamos que a vida do povo era muito simples. As pessoas eram seminômades; cuidavam de seu pequeno rebanho e andavam por toda a região como pastores. Isso possibilitou o conhecimento que mais tarde levou-os a conquistar a região sob a liderança de Moisés. No decorrer dos séculos, desenvolveram uma identidade própria como povo judeu de Israel.

Já o **cristianismo** é visto como uma religião iniciada por Jesus. Os adeptos acreditam que Cristo era o enviado de Deus para redimir a humanidade e que Jesus viveu como humano, exceto pela questão do pecado. Conforme Andrade (2019, p. 104, grifo do original):

> O cristianismo nasceu do rompimento com a tradição judaica. De certo modo, foi uma reforma iniciada por Jesus com a mudança das antigas práticas dos rituais. O rompimento teve início com a vida, o ministério, a morte e a ressurreição de Jesus de Nazaré, um judeu que, para os cristãos, é o Filho de Deus.
>
> O primeiro cristianismo, conhecido como *Movimento de Jesus*, era formado por judeus palestinenses, ainda ligados ao Templo de Jerusalém e às tradições judaicas. Com a expulsão dos cristãos helenistas de Jerusalém, desencadeou-se a missão itinerante. A passagem da língua aramaica para a língua grega e o apostolado de Paulo contribuíram para a formação do cristianismo helenista, o qual logo tomou forma e consistência, graças ao desenvolvimento de uma teologia bem-formada e fundamentada no pensamento grego.

Historicamente, Jesus era judeu, seguia os ensinamentos apresentados no Torá e teve seu nascimento atribuído à tribo de Judá, na cidade de Belém. No entanto, sua infância se passou em Nazaré, perto de Cafarnaum. Teve sua formação na tradição judaica, mas conseguiu apresentar as novidades apontando certa reforma, o que deu origem a uma nova tradição – o cristianismo.

Religião mais nova das "religiões do livro", o **islamismo** tem três aspectos que contemplam todo o conteúdo: Islã, Imã eIslah. *Islã* significa *submissão* e, nesse contexto, quer dizer submissão ativa à vontade de Deus. *Imã* refere-se à questão pessoal da fé, à crença no que Deus ensinou. *Islah* corresponde a *ser correto*, interiorizando os mandamentos divinos para que eles possam formar e expressar uma vida de bondade e correção. Maomé é visto como último profeta da tradição muçulmana e codificou a doutrina depois de sua experiência profunda de Deus no ano 610 d.C. Contudo, as raízes da origem do islamismo remetem ao patriarca Abraão como seu fundador. Conforme Andrade (2019, p. 93),

> O Antigo Testamento registra alguns elementos dessas origens. A tradição judaica tem um marco em Isaac, filho mais novo de Abraão; já a tradição muçulmana afirma que suas raízes se encontram em Ismael, filho primogênito de Abraão com Agar. O cristianismo acompanha a herança dos judeus até a chegada de Jesus, que rompe com a tradição judaica, assim criando uma nova tradição.

Duas observações podem ser feitas sobre as três tradições que apresentamos. A primeira é o reconhecimento da impotência humana face à dificuldade, à vastidão e à dureza do deserto. Cada religião elaborou seu modo específico, por exemplo, o judaísmo reconhece sua impotência por meio da **aliança** e da **fidelidade**; a tradição cristã apresenta Jesus como filho de Deus; o islamismo cita a total submissão a Alá. A segunda observação é que existe um certo investimento no Deus distante e transcendente, considerado como todo poderoso, aquele que oferece proteção e salvação ao mesmo tempo em que exige fidelidade e submissão por parte dos seus adeptos.

2.3.3 Terceira corrente: religiões afro-brasileiras e indígenas

As tradições indígenas[2] se desenvolveram predominantemente no contexto das florestas e dos rios; já as tradições afro-brasileiras, com a geografia múltipla – litoral, sertão e região agrícola. Portanto, essas tradições se embasam fortemente na cosmovisão herdada dos antepassados, cheia de espíritos da natureza ou dos mortos.

O contato com a **cultura africana** aconteceu por meio da ótica europeia depois da colonização. No entanto, a antiga cosmovisão, com suas divindades, ainda permanece. Diversos povos e tribos vivem em um "passado", tentando manter a cultura viva. A diversidade geográfica do povo africano faz com que ele tenha uma organização política e social variada. Os africanos podem ser nômades ou estar fixos em determinado território para elaborar seus próprios negócios comerciais ou agrícolas. São capazes de preservar a antiguidade da crença. Em algumas regiões, existem pequenas tribos, com um chefe escolhido pela crença ou pelo povo em razão de suas capacidades e seus conhecimentos. Assim, encontramos governos monárquicos ou democráticos no continente.

A religiosidade do povo africano é muito variada em decorrência da existência de múltiplas culturas. Por isso, existe certa sabedoria entre o povo, que faz uso das mitologias para explicar as coisas mais complexas, como as origens do mundo e das divindades. No que tange à religiosidade, há vários tipos de cultos e abordagens; os principais, atualmente, são o islamismo (predominantemente no extremo norte em virtude da influência dos árabes) e o cristianismo (em razão da colonização europeia de diversas regiões).

---

2   Uma observação deve ser feita: as populações indígenas migraram posteriormente a outros lugares geográficos, como a região do cerrado, dos pampas e do litoral. No entanto, em suas origens, as crenças de tais populações remetem-se fortemente para a região florestal.

Quando se trata da religiosidade africana, precisamos abordar as religiões mais tradicionais e populares do continente. As tradições religiosas da África têm a crença em um ser superior, que criou o mundo e a vida. É uma forma de monoteísmo, que prega a existência de um deus supremo. Essa divindade não é admoestada pelas pessoas nem invocada. Sua moradia se encontra no céu, não tem contato direto com os seres humanos, somente por intermédio dos orixás, entidades mediadoras do contato com os humanos. Os seres humanos esperam do Olorum a proteção dos iminentes perigos cotidianos.

Essa religiosidade é desenvolvida no espaço sagrado, chamado de *terreiro*, o centro das práticas religiosas, construído segundo um padrão determinado tradicionalmente. Preocupa-se com a preservação de um espaço verde próximo ao terreiro, o qual também é lugar de formação aos futuros líderes religiosos.

No campo dos rituais, a crença só pode ser entendida por meio da participação na experiência religiosa e do uso dos símbolos, não muito visíveis em outras tradições religiosas, ainda que estejam presentes de modo rudimentar. Tanto as tradições desérticas quanto as da terra fértil abordam os ritos de modos independentes. Oculto religioso nas tradições africanas tem impacto em outros aspectos, como os ritos e as oferendas. Em seus rituais, há canto, dança ao som de instrumentos que produzem transes, e as vibrações sonoras e rítmicas constituem a base do processo ritualístico.

A dimensão religiosa está na relação entre seres humanos e seres superiores. A felicidade e a qualidade de vida dependem das relações estabelecidas entre esses dois mundos. Qualquer ofensa que seja feita para natureza, orixás, antepassados ou seres humanos não fica sem retorno. Tudo está em tudo, pois se encontra conectado, a religiosidade se funde com a cultura e a política. Portanto, vida, trabalho, religião, amor ou afeto são formas de prestar culto a Deus. A comunhão é obrigatória para que o grupo sobreviva espiritual e materialmente.

Três aspectos fundamentais da religiosidade africana são: oralidade, simbolismo e diálogo. A oralidade, de modo geral, é a primeira fase das tradições religiosas, quando não havia escrita, e a religiosidade, nesse caso, compreendia a comunicação com os espíritos e a preservação dos conteúdos culturais e étnicos. O simbolismo é fundamental no desenvolvimento da expressão ritualística da crença. O diálogo, finalmente, abre a dimensão da comunicação com os membros da comunidade e para a preservação do conhecimento dos mitos e das alegorias na biblioteca da oralidade. Geralmente, as pessoas escolhidas para essa finalidade são aquelas sensíveis ou os sacerdotes, comumente chamados de *pai-de-santo*.

A visão do mundo da África antiga fornecida pelas tradições orais é transmitida também na forma de mitos, lendas, canções, contos, danças, provérbios, adivinhações e ritos, os quais pretendem explicar, vivenciar e perpetuar crenças e tradições. Muitas vezes, esses recursos explicam a condição humana e a criação do mundo; por vezes, fica muito difícil separar as explicações mitológicas das cosmogonias e teogonias.

Tanto na cosmogonia quanto na cosmologia africana, tudo se encontra interligado como uma rede. Para preservar essa conectividade, o ser humano precisa reconhecer que ele é uma das partes integrantes do universo e que deve ter uma relação profunda com a natureza e todos os elementos que encontram nela por meio de ritos e rituais específicos. Assim, a dimensão religiosa se encontra no interior da visão cosmogônica do universo que podemos identificar em diversos relatos religiosos e mitológicos.

Das tradições originárias da América Latina, abordaremos as **religiões indígenas**. Para elas, a natureza é exclusivamente "natural", ou seja, está carregada de um valor religioso e sempre circular. O mundo apresenta-se de tal maneira que, contemplando-o, é possível descobrir os múltiplos modos da sacralidade. O sagrado é entendido por meio do conceito do eterno retorno: tudo é repetitivo e volta ao mesmo lugar. A circularidade está intimamente vinculada aos aspectos da natureza, pois a natureza é circular. Então, os indígenas têm um modo de descortinar o mundo que entra em sintonia com a sacralidade. As ações dos indígenas, seu modo de vida, suas reuniões se encontram totalmente ligadas à sua vida espiritual e, para isso, é necessário que haja uma cosmovisão construída na dimensão da circularidade.

A cosmovisão circular está vinculada às crenças no supremo. Precisa manter o fluxo harmônico entre o ser superior e os humanos, com certas pessoas escolhidas, que podemos chamar de *xamas* ou *pajés*. Existem muitas pesquisas realizadas sobre a vida dos indígenas, principalmente no campo da religiosidade e das crenças. O sistema religioso dos indígenas é complexo, já que existem milhares de tribos, as quais desenvolveram suas ideias conforme a região geográfica que habitam, mas podemos dizer que existe um fio condutor comum entre tais ideias. Como exemplo, citamos o tupi-guarani:

> No Brasil, a equivalência encontra-se nas religiões xamanísticas. Segundo Mircea Eliade (1994), desde o princípio do século XX, "os etnólogos adotaram o costume de empregar indistintamente os termos xamã, homem-médico, feiticeiro ou mago, para designar determinados indivíduos dotados de prestígio mágico-religioso e reconhecidos em todas as 'sociedades primitivas'". (Laraia, 2005, p. 8)

Podemos notar que a figura central na configuração do sagrado e da circularidade é o xamã, que coordena o andamento e a preservação da relação com a natureza. O trabalho principal desses líderes é conservar a cosmovisão com as práticas ritualísticas e, consequentemente, promover a tranquilidade entre os grupos.

2.4 Ciências da religião e fenômeno religioso

Em nossa abordagem, vimos que a religião pode ser analisada sob perspectivas diferentes, entre as quais a perspectiva geográfica, que se destaca na formação do conteúdo. No entanto, os conteúdos das religiões também foram elaborados em determinada cultura, e encontramos uma relação entre cultura e religião. Agnolin (2013, p. 183) faz a seguinte observação ao tratar da história das religiões:

> Todavia, sendo a cultura o objeto específico e limitativo do próprio historiador, quando a religião é objeto de pesquisa histórica não pode ser posta de lado sua observação, seu estudo e sua análise em função de uma determinada cultura. [...] a contraposição entre a tendência fenomenológica e a histórica consiste, justamente, no fato de que a primeira descuida desta relação entre religião e cultura, enquanto para a segunda a religião torna-se o fator privilegiado – ou, no mínimo, um dos fatores privilegiados – para qualificar uma determinada unidade cultural.

Nesse sentido, observamos que a melhor contribuição das religiões do Extremo Oriente ao mundo contemporâneo encontra-se no campo do misticismo e da espiritualidade. O hinduísmo, por exemplo, com mantras, yôga e meditação, oferece tranquilidade física e mental. O budismo, apresentando o universo fenomênico da dor e do sofrimento, alerta para a necessidade de conhecer a própria natureza, a fim de viver melhor. O confucionismo, por sua vez, alerta para a necessidade de enraizamento na sabedoria de nossos ancestrais, respeitando tanto a tradição familiar quanto a ética social; o taoismo, por fim, traz iluminação a partir do caminho natural, equilibrando os elementos opostos, Yin e Yang, que se encontram tanto dentro de nós quanto na natureza.

As religiões do Oriente Médio apresentam o conteúdo que saiu cultura nomâdica do deserto, na qual o divino é transcendente e distante, portanto, ocorrem constantes desvios e distanciamento dos conteúdos por parte dos líderes políticos e dos poderosos. Para alinhá-los com os conteúdos, surgem os profetas, que constantemente dão avisos para voltar e acolher a doutrina. As tradições afro-indígenas pedem para preservar o equilíbrio com a natureza e com os espíritos, com vistas à manutenção da harmonia no mundo e no cosmos.

As religiões orientais indicam que a floresta é o lugar da experiência de Deus; as tradições do Oriente Médio mostram o deserto como lugar do encontro com Deus. Tanto a floresta quanto o deserto podem e devem dialogar para enriquecer a convivência entre as tradições do Oriente e do Ocidente, construindo a mística e a espiritualidade universal do mundo contemporâneo.

As ciências da religião abrem a possibilidade de dialogar com esses conteúdos no âmbito acadêmico, mantendo a neutralidade e costurando uma ponte entre essas tradições.

Na segunda metade do século XX, surgiram grandes discussões sobre a relação entre a história e a religião, em termos de teorias e metodologias. Hoje, as análises são feitas em diversas perspectivas – das ciências sociais – iniciando com a observação do fenômeno religioso em forma una e múltipla. Portanto, isolar a religião de determinado contexto cultural parece impossível e, para estudá-la, precisamos buscar suas trilhas históricas e considerar as possibilidades que abre para as experiências religiosas.

Síntese

O objetivo principal deste segundo capítulo foi apresentar a questão central da religião – o fenômeno religioso.

Inicialmente, analisamos as trilhas do fenômeno religioso, que é compreendido sob formas diferentes conforme as regiões geográficas e as culturas. Essa compreensão traz o problema da realidade última – una e múltipla, ou unidade e diversidade. Tentamos trabalhar essa questão com os exemplos da Tríade Hindu, do vazio do budismo e da Santíssima Trindade, da tradição cristã.

Por fim, apresentamos sucintamente as origens das religiões com seus contextos, para, assim, construir uma ponte entre o fenômeno religioso e as ciências da religião.

Indicações culturais

TV CÂMARA JP. **Ensino religioso 9º ano**: aula 2 – o fenômeno religioso e suas manifestações. 20 jul. 2020. Disponível em: <https://www.youtube.com/watch?v=kwSOI5W9FjI>. Acesso em: 12 jun. 2022.
O vídeo aborda o encontro com o divino em diversas formas na vida cotidiana.

Atividades de autoavaliação

1. O sagrado entra pelos sentidos: está na visão para ver as realidades; está na audição para ouvir o clamor da realidade; está no tato para sentir; está no olfato para cheirar; e está no paladar para saborear. Não permanece só ali, mas nos deixam um toque, uma impressão, um registro interior. A esse respeito, assinale a afirmativa correta:
    A) Os sentidos não têm importância na experiência do fenômeno religioso.

B] Todos os sentidos são importantes para que o sagrado entre em nós.
C] Somente dois sentidos, visão e paladar, são importantes para o sagrado.
D] Os sentidos expulsam o sagrado do nosso corpo.
E] Os sentidos não fazem parte do fenômeno religioso.

2. Assinale a alternativa correta:
A] Na elaboração do conteúdo religioso, as tradições do Extremo Oriente (indianas e chinesas) se embasam fortemente na geografia de terras férteis; já as tradições do Oriente Médio se firmam no deserto; as tradições afro-indígenas sofrem influências de regiões múltiplas.
B] Uma região geográfica específica produz uma cultura distinta, um modo particular de vida, mas o conteúdo religioso não tem relação com a região geográfica.
C] A região geográfica não tem nenhuma relação com a vida humana, pois a geografia é uma coisa e a religião é outra.
D] A região geográfica produz uma cultura específica, mas outros aspectos da vida humana não se encontram vinculados à geografia.
E] A região geográfica não tem vínculo com fenômeno religioso, mas afeta a vida humana.

3. As tradições religiosas do Oriente Médio são: judaísmo, cristianismo e islamismo. A figura-chave dessas tradições é o:
A] sábio.
B] místico.
C] profeta.
D] espírito.
E] professor.

4. A teoria do sagrado ottoniananos permite afirmar que o homem, diante do sagrado, experimenta um duplo movimento espiritual. Rudolf Otto traduz a experiência religiosa como:
   A] *misterium tremendum* – que causa medo constante no ser humano.
   B] *misterium tremendum et facinas* – *tremendum*, o elemento repulsivo e terrível; *facinas*, o elemento atraente.
   C] Rudolf Otto não pensou na experiência do mistério.
   D] *facinas*, o elemento atraente.
   E] o cotidiano.

5. Eliade (2008, p. 7) afirma que "todas as definições do fenômeno religioso apresentadas até hoje mostram uma característica comum: à sua maneira, cada uma delas opõe o sagrado e a vida religiosa ao profano e à vida secular". Essa afirmação deu origem:
   A] à elaboração de um único conceito, Sagrado, da fenomenologia da religião
   B] à elaboração de dois conceitos, Sagrado e Profano, mas não no contexto da religião, e sim da psicologia.
   C] ao conceito do Profano na fenomenologia da religião.
   D] à elaboração de dois conceitos, Sagrado e Profano, na fenomenologia da religião.
   E] somente ao conceito do Sagrado, e nada mais.

ATIVIDADES DE APRENDIZAGEM

Questões para reflexão

1. A diversidade geográfica é fascinante no Brasil. Visite, presencial ou virtualmente, diversos tipos de regiões geográficas, como terra fértil, sertão, montanha, floresta e litoral. Busque imagens no Google ou em *sites* específicos. Depois, descreva a geografia dos lugares e as respectivas tradições religiosas.

2. Como a região geográfica em que você vive influenciou a tradição à qual pertence? Qual o impacto dessa identificação em você? Analise essa identificação na perspectiva das ciências da religião.

Atividade aplicada: prática

1. Visite uma região agrícola, uma região de terra fértil. Observe a beleza da região, tudo verde, com a promessa de boa safra. Contemple a beleza natural e relate, em um parágrafo, os aspectos importantes que foram observados por você. Analise essa visita como cientista da religião, com o distanciamento necessário, e registre suas impressões sobre a importância da geografia para elaborar o conteúdo religioso.

CIÊNCIAS DA RELIGIÃO E TEOLOGIA: PARALELISMOS, APROXIMAÇÕES, DIFERENÇAS E ESPECIFICIDADES

Teologia e ciências da religião constituem dois campos distintos em suas abordagens: a primeira trata do conteúdo herdado da tradição, e a segunda volta-se à interpretação do conteúdo conforme um método. No entanto, "Teologia e ciência da religião têm mantido relações nem sempre harmônicas desde que a última se impôs na academia. Após perder sua antiga *ancilla* (filosofia), a teologia vê-se agora desafiada a disputar espaço no espectro multidisciplinar da ciência da religião" (Soares, 2001, p. 283). De modo geral, é possível entender que

> a ciência da religião é filha legítima das ciências modernas, enquanto a teologia está inscrita na longa temporalidade da filosofia ocidental; insere-se nas etapas de desenvolvimento histórico das escolas filosóficas e deita suas raízes mais arcaicas nas próprias origens do pensamento grego. (Passos, 2019, p. 115)

A teologia recebe o conteúdo de sua análise no campo histórico; as ciências da religião, no campo epistemológico, embora mantenham o diálogo em todos os níveis. Podemos perceber que existe uma relação íntima entre as duas áreas apresentadas, que acontece no modo mais espontâneo, mas que não terá um fim tão cedo no campo de pesquisas universitárias.

No campo acadêmico, observamos que as universidades constituem o espaço para teologia e para ciências da religião como "protagonistas habilitadas a conduzir o processo de afirmação das identidades e de diálogo entre o conhecimento clássico, a teologia, e a ciência moderna da religião" (Passos, 2019, p. 114).

A teologia é um dos saberes que apresenta o conteúdo dogmático, religioso e espiritual organizado pelo magistério, disponibilizado aos estudos nos ambientes acadêmicos. Existem diversas aproximações. Do ponto de vista epistemológico, "assume-se que a teologia não é dona verdade, mas se refere a uma verdade. É fato que a teologia escolástica na baixa Idade Média foi, de algum modo, construída sobre essa convicção, ao distinguir e relacionar fé e razão" (Passos, 2013, p. 19). No contexto atual, o caminho teológico exige rumos diversos de diálogo com diversas ciências. Os rumos devem ser em duas direções: *ad intra*, centrada nas Igrejas cristãs, e *ad extra*, orientada para as grandes religiões do mundo.

Mas a relação da teologia com as ciências da religião enfrenta certas dificuldades. Alguns estudiosos afirmam que a teologia e a filosofia devem ser excluídas desse campo específico, por privilegiarem a base empírica como seu elemento identificador. Para autores como Filoramo e Prandi (2005), o método indutivo é o que delimita os confins das ciências da religião. Por outro lado, existem também autores com uma tendência inclusiva, garantindo um lugar para a teologia no campo das ciências da religião, abrindo a possibilidade aos diálogos. Nesse caso, os autores "tendem estabelecer uma classificação das ciências da religião em ciências especulativas ou normativas e ciências positivas ou descritivas" (Soares, 2001, p. 298).

Portanto, a reflexão neste capítulo se concentra na relação da teologia com as ciências da religião, com base nos aspectos práticos e teóricos dessa relação. Para tal procedimento, buscaremos fundamentos epistemológicos no primeiro momento, em seguida apresentaremos o caminho histórico de teologia que levou a mudanças de paradigmas teológicos, para, assim, estabelecermos aproximações, semelhanças e divergências na tentativa de construir um diálogo aberto entre essas duas ciências.

3.1 Os caminhos da teologia

Sabemos que a teologia fez sua caminhada em seu próprio mundo, com suas próprias regras. No decorrer dos séculos, construiu sua relação com outros saberes:

> Trata-se de uma relação efetiva, historicamente demonstrada, mas elaborada epistemologicamente de diferentes maneiras: a elaboração medieval foi diferente daquela feita no mundo antigo, a elaboração escolástica foi diferente das elaborações contemporâneas. Sabe-se que a teologia caminhou para um encapsulamento em suas próprias regras, na medida em que as ciências diversas iam emergindo e consolidando-se nos tempos modernos. De fato, a relação de teologia com outros saberes narra uma história de trocas e tensões inevitáveis entre os modos distintos de compreender a realidade. (Passos, 2013, p.20)

O período antigo foi de imposição dos conteúdos teológicos; o tempo medieval, de afirmação dos conteúdos; o tempo escolástico, de estabelecimento de relações dos conteúdos com outras ciências; o tempo contemporâneo, de aceitação do diálogo com outras ciências. A relação inicial de superioridade gradativamente deu espaço ao reconhecimento de outras ciências para os diálogos. É fundamental saber o que se entende por teologia no campo da religião. O termo *teologia* é anterior ao cristianismo, com raízes na filosofia grega:

> O termo aparecia em Platão, por exemplo, na República. Platão chamava de teologia as narrativas míticas sobre os deuses contadas pelos poetas, especialmente Homero e Hesíodo. Ele queria livrar a sociedade de mitologias ilusórias, que representassem elementos indignos ou imorais nas divindades. (Gross, 2002, p.323)

Afirmava Platão que a teologia era uma ilusão, não por ser teologia, mas pela linguagem dos discursos utilizados por Homero e Hesíodo sobre os deuses, que não apresentava uma identificação do divino com o bem. Assim, para Platão,"a teologia era entendida como um discurso poético, uma ordenação de mitos, uma narrativa simbólica sobre divindades" (Gross, 2001, p. 325).

A visão aristotélica é bastante positiva no uso do termo *teologia* e o remete a uma relação com a metafísica. Para Aristóteles, "a teologia trataria não de símbolos, mitos e narrativas, mas da realidade do divino como ele realmente é" (Gross, 2001, p. 326). Mais tarde, os estoicos falaram da teologia como estudos filosóficos de Deus, o que gradativamente deu passo para a separação entre filosofia e teologia.

No cristianismo, o desenvolvimento da teologia aconteceu em etapas distintas. Nos primeiros séculos do cristianismo, a teologia surgiu com a pregação profética por parte dos seguidores, mas quem deu uma visão mais ampla foi São Paulo, que costurou a doutrina cristã no âmbito filosófico helenístico. Os primeiros defensores eram chamados de *apologetas*, ou pais da Igreja, que vincularam a teologia ao discurso de fundamentação institucional, quer dizer, o processo de construção da Igreja como instituição. Todavia, nessa fase ainda acontecia a perseguição dos cristãos no Império Romano, especialmente em Roma.

No entanto, com a suposta conversão de Constantino, o jogo mudou, e o cristianismo se tornou uma das religiões oficiais no Império Romano. Gross (2001, p. 327) aponta que, com a

> elevação do cristianismo a religião oficial, a teologia cristã assim desenvolvida passou a ser ciência imperial. Outros mitos e símbolos foram vistos como nãoteologia, como não ciência, e, mais ainda, como erros a serem não combatidos discursivamente, mas até esmagados pela força. Assim teologia, que era e continuou a ser teologia cristã, particular, se tornou a ciência metafísica.

3.2 A busca das normas de teologia

A conversão de Constantino mudou o rumo do cristianismo e, consequentemente, a organização da teologia. Na medida em que a Europa se tornou cristianizada, o cristianismo se tornou europeanizado. Então, ocorreu o surgimento do magistério para organizar o conteúdo teológico e fazer a estruturação da hierarquia, assim como o estabelecimento de normas para teologia. O magistério tornou-se o controlador do cumprimento da norma.

Kung (1999) apresenta duas fontes para essas normas teológicas: na primeira, o primeiro polo, a norma da teologia cristã é a palavra de Deus, que se revela na história de Israel e na história de Jesus; na segunda, o segundo polo, traça-se o horizonte de uma teologia cristã para nosso próprio mundo de experiência humana.

3.2.1 Primeiro polo: revelação de Deus na história de Israel e na história de Jesus

Nessa fonte, encontra-se a revelação divina e a experiência humana caminhando de mãos dadas, construindo a própria teologia administrada pelo magistério. Surgiu, então, a ideia:

> Não há revelação fora da experiência humana, nem cristianismo sem a experiência concreta com Jesus Cristo que dá à vida humana sentido, significado e direção. Jesus Cristo é para a fé cristã a revelação definitiva de Deus na história da Israel, porque seus primeiros discípulos assim o experimentaram (aspecto subjetivo) e ele de fato existe para eles (aspecto objetivo). O aspecto subjetivo e o aspecto objetivo se unem na mesma experiência. (Kung, 1999, p. 135)

Sob um olhar retrospectivo, percebemos que os teólogos, desde os tempos apostólicos até os tempos recentes, desenvolveram modelos distintos conforme os períodos históricos, mas buscando preservar a superioridade da teologia cristã. Uma mudança relativa nessa situação ocorreu apenas com o advento da Modernidade. Tornou-se evidente que "a crise de teologia não era uma crise de sintomas isolados, e sim uma crise dos fundamentos" (Kung, 1999, p. 150). É interessante notar que, no pontífice de João Paulo II, começaram a aparecer os sinais de diálogo com outras teologias e da restauração dos modelos antigos da tradição católica. Como observa Kung (1999, p. 150):

> Uma teologia católica sistemática que havia se iniciado com acentos claramente ecumênicos, se encontrava cada vez mais numa posição defensiva. Era necessário olhar além das pessoas concretas, dos acontecimentos e dos sintomas concretos, para entender por que uma teologia reformista e ecumênica chegou a uma posição defensiva.

Essa postura abriu espaço para novos paradigmas, assim como para um diálogo com outras teologias e ciências.

3.2.2 Segundo polo: horizonte da teologia cristã e a experiência humana

Essa fonte trata das nossas experiências diárias, tipicamente humanas e universais na vida cotidiana. Como destaca Schillebeeckx (citado por Kung, 1999, p. 143), "nossas experiências diárias e nosso sentir vital de seres humanos no mundo, com os problemas vitais, sociais e de sentido correlatos". O interessante é que as experiências humanas não se limitam à esfera da fé, mas abrangem outros campos, seja social, político ou cultural. No entanto, "no mundo secularizado e na atual crise de fé, pode-se constatar uma ruptura entre tradição e experiência, entre a experiência cristã tradicional e as experiências individuais e coletivas de nosso tempo" (Kung, 1999, p. 143). Portanto, a dimensão religiosa da existência humana nos tempos atuais não necessariamente se identifica com determinadas instituições religiosas ou dogmas, mas se encontra no mundo secularizado, científico-técnico e político-social.

Lançando o olhar sobre o mundo globalizado e secular, hoje o ser humano, raras vezes, tem experiências simplesmente vindas de cima, na forma de vivências passivo-emocionais. Pelo contrário, utiliza cada vez mais a reflexão, apesar do imediatismo e da espontaneidade. Essa experiência não acontece de maneira abstrata em um único indivíduo, mas sim no contexto concreto e também no coletivo.

Então, qual seria o papel da teologia? Essa fonte aponta, para nós, que as experiências humanas necessitam de uma interpretação religiosa ou cristã para dar sentido à vida cotidiana. A teologia deve construir uma correlação crítica entre a tradição de experiência cristã e as experiências de nosso tempo (Kung, 1999).

Assim, a transmissão do conteúdo religioso do cristianismo ou a catequese deve acontecer com base nas experiências humanas cotidianas dos nossos tempos.

Portanto, podemos dizer que os dois polos normativos da teologia estabelecem uma relação por meio de

> uma mensagem supostamente a temporal e eterna, mas é preciso uma nova "tradução" dessa mensagem para nosso mundo de experiência [...]. Uma teologia a serviço do anúncio da fé cristã se interessa pela construção de uma "correlação crítica", e não de uma relação qualquer entre o "ontem" e o "hoje", entre a tradição de experiência cristã e as nossas experiências atuais. (Kung, 1999, p. 145)

Nesse sentido, encontramos a continuidade da tradição cristã, a qual exige a transformação de horizontes hermenêuticos.

3.3 Mudanças de paradigmas na teologia

Entende-se que "a mudança do paradigma é substituição do antigo modelo hermenêutico por um novo. Porém, segundo Thomas Kuhn, esses grandes modelos hermenêuticos globais de compreensão da teologia e da Igreja, diante das profundas transformações de época, podem ser denominados paradigmas" (Kung, 1999, p. 152).

Os sinais de construção e mudanças de paradigmas na teologia católica se iniciaram na década de 1960, com os encaminhamentos do Concílio do Vaticano II. As crises fizeram com que os fundamentos precisassem de uma restauração, a qual apontasse a caminhos mais ecumênicos. Com uma análise histórica, podemos perceber a trilha que deu origem à mudança de paradigma na teologia.

O primeiro século da tradição cristã, considerado o **período apostólico**, foi a época de construção do paradigma primitivo cristão, mais apocalíptico. Os autores eram apóstolos, e alguns deles tiveram contato direto com Jesus. Logo em seguida, com a expansão da doutrina no Império Romano e mundo helenístico, desenvolveu-se o **paradigma helenístico**, com os padres gregos espalhados no Império Romano.

Posteriormente, do século IV ao VII, formou-se o **pensamento paradigmático do Agostinho**, com a racionalidade grega adaptada ao romano católico, o que continuou até o surgimento e a influência do islamismo na Europa. No decorrer dos séculos, houve o processo da cristianização da Europa com as Cruzadas, o nascimento de ordens religiosas e a união entre Igreja e Estado, dando origem ao **paradigma romano-católico**. Nesse período, ainda aconteceu a Reforma Gregoriana, os períodos escolástico e canonista e o Cisma do Oriente, em 1054.

Os séculos XV e XVI foram tumultuados, o que ocorreu por duas razões. A primeira foi a Queda de Constantinopla, em 1453, bloqueando o caminho do comércio ao Oriente, o que promoveu o descobrimento de novos caminhos pelos oceanos. A segunda foi o período de Renascença, época de industrialização e desenvolvimento, que promoveu as migrações às cidades. Houve a passagem do feudalismo ao capitalismo. Na Igreja, aconteceram a Reforma Protestante e o Concílio de Trento, originando mais novos paradigmas: o **paradigma da Reforma Protestante** e o **paradigma da Contrarreforma**.

Os séculos XVII e XVIII foram os séculos do Iluminismo – desenvolvimento da razão, publicações sobre diversas ciências, Revolução Francesa, questionamentos sobre a teologia –, e tudo isso deu origem ao **paradigma moderno iluminista**.

Finalmente, os séculos XIX e XX apresentaram a história do progresso, assim como experiências dolorosas de duas guerras mundiais, centralizando-se mais na reforma interior da Igreja.

Foram os séculos de modernidade e pós-modernidade, com a perda das colônias e a abertura da Igreja a outros campos, assim dando origem ao **paradigma ecumênico contemporâneo** (Kung, 1999).

3.4 Bases epistemológicas de teologia

As bases epistemológicas de teologia apontam os novos caminhos de diálogo com as outras ciências e as novas discussões sobre a teologia tradicional. A teologia tradicional de todos os tempos causou desconfiança em relação às outras teologias e ciências, e alguém que contestasse sua doutrina era considerado herege, recebendo adequada condenação e sendo perseguido pelos meios existentes.

No entanto, na atualidade, o novo como categoria alcançou um patamar diferente e abriu possibilidades aos diálogos com as ciências. Por um lado, a globalização sempre busca seus caminhos nas discussões sobre a teologia tradicional, tentando apresentar algo novo em teologia.

O novo sempre nos leva a discussões sobre as tradições antigas que recorrem à ideia da "invenção das tradições", introduzida por Hobsbawm e Ranger (1984) quando observaram mudanças, renovações, improvisações, resistências e invenções.

> O termo "tradição inventada" é utilizado numsentido amplo, mas nunca identificado. Inclui tanto as "tradições" realmente inventadas, construídas e formalmente institucionalizadas, quanto as que surgiram de maneira mais difícil de localizar numperíodo limitado e determinado de tempo – às vezes coisa de poucos anos apenas – e se estabeleceram com enorme rapidez. (Hobsbawm; Ranger, 1984, p. 9)

Os autores acrescentam:

> Por "tradição inventada" entende-se um conjunto de práticas, normalmente reguladas por regras tácitas ou abertamente aceitas; tais práticas, de natureza ritual ou simbólica, visam inculcar certos valores e normas de comportamento através da repetição, o que implica, automaticamente, uma continuidade em relação ao passado. (Hobsbawm; Ranger, 1984, p. 9)

Eles ainda afirmam que as invenções acontecem principalmente em decorrência de transformações sociais amplas e rápidas. Nesse sentido, citando Hobsbawm, Andrade (2003, p. 39) afirma que tais transformações "são reações a situações novas que ou assumem a forma de referência a situações anteriores, ou estabelecem seu próprio passado através da repetição". Assim, a continuidade da invenção é mantida com o uso de elementos das tradições antigas nas tradições inventadas:

> Sempre se pode encontrar, no passado de qualquer sociedade, um amplo repertório destes elementos; e sempre há uma linguagem elaborada, composta de práticas e comunicações simbólicas. Às vezes, as novas tradições podiam ser prontamente enxertadas nas velhas; outras vezes, podiam ser inventadas com empréstimos fornecidos pelos depósitos bem supridos do ritual, simbolismo e princípios morais oficiais [...] (Hobsbawm; Ranger, 1984, p. 14)

Com esse olhar, podemos entender que existe um processo de surgimento do novo na ciência, assim como do novo na teologia. Os conflitos ideológicos, religiosos e espirituais, de modo geral, abalam emocionalmente, por vezes existencialmente, tentando mudar os rumos da teologia. Portanto, "nas grandes disputas há algo mais que simples rixas. Tampouco se trata apenas de tensões normais. Como nas discussões científicas importantes se trata da substituição de um 'paradigma' ou modelo teológico de pensamento por outro novo" (Kung, 1999, p. 157).

Ao aplicarmos as ideias dos autores citados no campo da teologia e com o surgimento de novos modelos, as crises atuais e, finalmente, com a evolução do pensamento ecumênico, podemos entender o emprego de termo *paradigma* por Kuhn (citado por Kung, 1999, p. 159) com o seguinte significado: "toda uma constelação de convicções, valores, técnicas etc, compartilhado pelos membros de determinada comunidade".

Assim, encontramos um processo evolutivo em tudo que pode ser observado em duas direções: no campo social e no campo religioso. No campo social, a sociedade adapta-se conforme contextos, culturas e épocas, que sempre trazem novidades em todos os campos. Estamos na era digital, porém, para chegar até aqui, a sociedade precisou passar pela secularização, pela modernidade e pela globalização, acompanhando todas as modificações que provocaram. No campo religioso, as tradições religiosas se encontram inseridas na sociedade e começam a se adaptar e, também, a renovar seu conteúdo e suas práticas ritualistas. A teologia, nesse contexto, passa por renovações, certas vezes com conflitos e crises e outras de maneira mais silenciosa.

3.5 Paralelismos entre ciência e teologia

Existem semelhanças, diferenças, paralelismos e aproximações entre teologia e ciência. Até aqui, abordamos o progresso do conhecimento da ciência e da teologia. Precisamos compreender essas duas formas, já que as teorias, em primeiro lugar, foram aplicadas às ciências naturais e, depois, foram estendidas ao campo das ciências da religião. Portanto, buscaremos traçar os paralelismos entre teologia e ciências naturais com base em Kung (1999) e os paralelismos entre teologia e ciências da religião segundo o pensamento de Soares (2001).

3.5.1 Paralelismos entre teologia e ciências naturais

As semelhanças entre teologia e ciências naturais podem ser observadas pelos novos paradigmas. A teologia propriamente cristã teve início no Novo Testamento, com a comunidade apostólica e diversos pensadores. No entanto, Paulo, com seu dinamismo, levou a teologia para o mundo cultural judaico-helenístico, migrando posteriormente para a Europa. Já as ciências naturais (no contexto ocidental) surgiram no pensamento racional dos gregos, principalmente com o clássico da ciência *Física*, obra de Aristóteles. No decorrer dos séculos, os padres da Igreja desenvolveram novos modelos para a teologia, assim como outros o fizeram para as ciências naturais.

Kung (1999) apresenta quatro figuras importantes para os teólogos – Orígenes, Agostinho, Tomas de Aquino e Lutero – e quatro cientistas naturais – Copérnico, Newton, Lavoisier e Einstein. Vejamos mais no quadro a seguir.

QUADRO 3.1 – Personalidades da teologia e das ciências naturais segundo Kung

Campo	Personalidade	Observação
Teologia	Orígenes	Primeiro sábio e pesquisador metódico no cristianismo. Com 18 anos de idade, assumiu uma escola catequética para as pessoas cultas em Alexandria; essa cidade era o berço do grupo intelectual da época.
	Agostinho	Depois de sua conversão aos 32 anos de idade, elaborou os conceitos teológicos sobre a Santíssima Trindade costurando fé e razão.
	Tomas de Aquino	Com 30 anos de idade, em Paris, começou a comentar as sentenças sob a ótica aristotélica.
	Lutero	Com 34 anos de idade, anunciou publicamente suas teses sobre as indulgências.
Ciências naturais	Copérnico	Elaborou o sistema heliocêntrico aos 34 anos de idade.
	Newton	Fundador da física clássica, formulou a lei da gravitação aos 23 anos de idade.
	Lavoisier	Fundador da química moderna, tinha 25 anos de idade quando entregou ao secretário da Académie Française seu famoso escrito em que expunha as dúvidas sobre a teoria do flogisto.
	Einstein	Apresentou a teoria especial da relatividade com 26 anos de idade.

Fonte: Elaborado com base em Kung, 1999.

Ao analisarmos essas personalidades, percebemos que, durante a história, havia uma relação entre a teologia e outras ciências. Com base nisso, é fundamental registrarmos algumas conclusões sobre essa relação, por vezes amigável, por vezes antagônica. Vejamos cinco pontos distintos:

- Tanto na teologia quanto nas ciências naturais, existe uma ciência normal caracterizada por um crescimento acumulativo de conhecimentos, pela solução dos problemas pendentes e pela resistência a tudo aquilo que poderia supor uma mudança ou supressão do modelo hermenêutico estabelecido ou do paradigma (Kung, 1999).

- Como nas ciências naturais, também na teologia a "consciência de uma crescente crise é geralmente o ponto de partida para uma mudança profunda de determinadas concepções básicas do passado para a irrupção de um novo modelo hermenêutico ou paradigma" (Kung, 1999, p. 172).

- Como nas ciências naturais, também na teologia um velho modelo hermenêutico ou paradigma é substituído quando um novo já está preparado (Kung, 1999).

- Como nas ciências, também na teologia são muitos os fatores científicos e extracientíficos que contribuem para a aceitação ou a rejeição de um novo paradigma. Portanto, a transição para um novo paradigma não pode ser forçada racionalmente, mas deve ser considerada como uma conversão (Kung, 1999).

- Como nas ciências, também na teologia é difícil prever, nos grandes conflitos, se um novo modelo hermenêutico ou paradigma vai ser absorvido pelo antigo ou se vai substituí-lo indefinidamente; se for aceito, a inovação se converterá em tradição (Kung, 1999).

Agora que compreendemos esses novos paradigmas, vamos analisar os paralelismos entre teologia e ciências da religião.

3.5.2 Paralelismos entre teologia e ciências da religião

Neste tópico, vamos recorrer à abordagem de Soares (2001), que apresenta Greschat para mostrar a diferença essencial entre teólogos e cientistas religiosos; os primeiros são especialistas religiosos e os segundos, especialistas em religião.

Trilhando o caminho de Soares (2001), faremos quatro apontamentos sobre as semelhanças e as diferenças entre esses dois saberes:

- Os teólogos investigam a religião à qual pertencem com base em sua fé; já os cientistas da religião, mesmo pertencendo a uma tradição, geralmente se ocupam de um olhar mais objetivo. "O teólogo visa 'proteger e enriquecer sua tradição religiosa'; os cientistas da religião 'não prestam um serviço institucional como os teólogos', 'não são comandados por nenhum bispo, nem obrigados a dar satisfação a nenhuma instância superior'" (Soares, 2001, p. 286).
- Os cientistas de religião têm amplitude potencialmente ilimitada na escolha da religião à qual vão se dedicar, só podendo ser constrangidos pela própria incompetência. Os teólogos, por sua vez, estão, de certa forma, "obrigados" (termo nosso) a conhecer em profundidade sua tradição religiosa em primeiro lugar, para depois se abrir a outras tradições. Isso é verdade, mas também ocorre que, após a escolha, o cientista da religião terá sua "liberdade" diminuída, já que não pode ser um especialista sério se escolher, continuamente, novos objetos para se aprofundar.
- Os teólogos estudam uma religião alheia segundo a própria fé, tomando a própria religião como referência. Com seus critérios, avaliarão se os demais sistemas são "mais próximos" ou "mais

distantes" de sua própria tradição. Por outro lado, os cientistas de religião devem pesquisar uma crença alheia sem preconceitos. A questão é: quanto dessa liberdade eles suportam? As atitudes intelectuais podem distorcer a compreensão dos fenômenos pesquisados. Portanto, Soares (2001) sugere que ambas as partes, tanto teólogos quanto cientistas da religião, devem contar com diferentes formas, o que, eventualmente, evita a distorção do conteúdo do objeto de estudo.

- Os cientistas da religião afirmam que os fiéis de determinada crença devem saber se entendem adequadamente a fé que seguem. Não consultar adeptos da religião pesquisada depõe contra a validade das descrições que dela fazem. Os teólogos fazem discernimento partindo da própria fé e consideram falso o que se afastar dessa norma decisiva.

Com esses quatro apontamentos, podemos concluir:

> Fazer a teologia é acolher numa atitude mística (dimensão afetivo-axiológica) afirmações que o pensamento científico só pode – como, aliás, é seu ofício na dimensão analítico-concreta – receber com frieza e reticência. São duas lógicas distintas e complementares dos saberes. Do cientista se exige uma suspensão de juízo, um "ateísmo" metodológico – que deixe sua eventual descrença entre parênteses. Do teólogo se exige uma suspensão do ateísmo, um entre parênteses e pressuponha a via mística ou a espiritualidade como condutoras de autoconhecimento e de intelecção da raiz ontológica da realidade. (Soares, 2001, p. 290)

No contexto contemporâneo, devemos estar ciente das tendências divergentes e semelhantes que operam nas análises teológicos das tradições religiosas. Podemos chamá-las de *encontros* e *desencontros*. Como afirma Passos (2013, p. 20):

Os fundamentalismos religiosos de várias estirpes que evitam ou negam as ciências como perniciosas à verdade da fé e a busca do transdisciplinar que resgata a importância de conhecimentos muitas vezes dispensados pelas ciências modernas como não legítimos. Se epistemologia atual cobra cada vez mais o diálogo entre as ciências e a busca de visões mais amplas, a teologia permanece, em muitos casos, reclusa aos territórios doutrinais e institucionais como reprodutora de paradigmas do passado.

Para finalizar, destacamos que a relação entre a teologia e as ciências da religião apresenta tensões e antagonismos, e esses fatores preocupam os cientistas da religião quanto ao *status* institucional da disciplina (Usarski, 2003). As duas ciências devem dialogar harmonicamente, e cada uma deve permanecer em seu lugar ao mesmo tempo em que fornece apoio a outra.

Síntese

Neste terceiro capítulo, nosso intuito foi tratar da relação entre teologia e ciências da religião. Nessa análise, é importante ressaltar que todo conhecimento é uma construção permanente e processual. Nenhuma ciência pode considerar-se dona da verdade plena e definitiva, mas sim ponderar que está em direção a essa verdade. Por outro lado, o conteúdo produzido por qualquer ciência é resultado do momento histórico e de circunstâncias específicas.

Assim, buscamos analisar o caminho de teologia por meio das normas construídas no decorrer dos séculos. Gradativamente, conforme os tempos e os contextos, essas normas passaram por mudanças que deram origem a novos paradigmas.

Apresentamos, ainda, questões epistemológicas de teologia e paralelismos entre teologia e ciências naturais e ciências da religião, a fim ter uma visão adequada sobre a relação entre os dois saberes.

Indicações culturais

CHAVES, J. Qual a diferença entre teologia e ciência da religião? **EspiritualMente por Jorge Chaves**, 9 jun. 2016. Disponível em: <https://www.youtube.com/watch?v=9uA4pZSEv8o>. Acesso em: 24 jul. 2022.

Este vídeo aborda a diferença entre teologia e ciência da religião com certa clareza, o que nos permite compreender melhor a dinâmica da relação entre as duas ciências.

Atividades de autoavaliação

1. Teologia e ciências da religião constituem dois campos distintos em suas abordagens. Sobre o tema, assinale a afirmativa correta:
   a] As ciências da religião abordam o conteúdo herdado da tradição, e a teologia centra-se na interpretação do conteúdo utilizando um método científico.
   b] A teologia aborda o conteúdo sobre os espíritos dos antepassados herdado da tradição, e as ciências da religião centram-se na interpretação do conteúdo utilizando um método.
   c] A teologia aborda o conteúdo herdado da tradição, e as ciências da religião centram-se na interpretação do conteúdo utilizando um método científico.
   d] A teologia aborda o conteúdo herdado das tradições religiosas orientais, e as ciências da religião centram-se na interpretação do conteúdo utilizando um método científico.
   e] A teologia e as ciências da religião nunca tiveram uma relação, pois aquela trata somente da vida dos santos.

2. No cristianismo, o desenvolvimento da teologia acontece em etapas distintas. Nos primeiros séculos do cristianismo, a teologia surgiu com a pregação profética, com objetivo específico. Sobre o tema, assinale a afirmativa correta:

A] Os primeiros defensores eram chamados de apologetas, ou pais da Igreja, e vincularam a teologia ao discurso de fundamentação institucional, quer dizer, ao processo de construção da Igreja como instituição.

B] Os primeiros defensores eram chamados de apologetas, ou pais da Igreja, e vincularam a teologia ao discurso das ciências da religião.

C] Os primeiros defensores eram chamados de missionários, ou pais da Igreja, e vincularam a teologia ao discurso de fundamentação institucional, quer dizer, ao processo de construção da Igreja como instituição.

D] Os primeiros defensores eram chamados de seguidores de Jesus e vincularam a teologia à conversão de todas as culturas.

E] Os primeiros seguidores de Jesus eram chamados de judeus tradicionais e condenaram Jesus à morte.

3. Kung (1999) apresenta duas fontes para asnormas teológicas elaboradas no decorrer dos séculos. Quais são elas?

A] A primeira fonte da teologia cristã é a palavra de Deus, que se revela na história de Israel e na história de Jesus; a segunda, o mundo cosmológico.

B] A primeira fonte da teologia cristã é a tradição da Igreja, que se revela na história de Israel e na história de Jesus; a segunda, o mundo de experiência humana.

C] A primeira fonte da teologia cristã é a busca de Deus na natureza e na história de Jesus; a segunda, o mundo de experiência humana.

D] A primeira fonte da teologia cristã é a palavra de Deus, que se revela na história de Israel e na história de Jesus; a segunda, o mundo de experiência humana.

E] A primeira fonte da teologia cristã é palavra dos Apóstolos; a segunda, a palavra de Jesus.

4. O que é mudança de paradigma?
   a) É a substituição do antigo modelo hermenêutico por uma religião que traz novas ideias.
   b) É a substituição do antigo modelo hermenêutico por um novo.
   c) É a continuação do antigo modelo hermenêutico.
   d) É a substituição do antigo modelo da religião por outro modelo da religião.
   e) É a continuação e a preservação do antigo modelo estabelecido pela sociedade.

5. Quanto ao paralelismo entre a teologia e as ciências da religião, Soares (2001) apresenta a diferença essencial entre esses dois saberes. A respeito do assunto, assinale a afirmativa correta:
   a) Os teólogos são especialistas religiosos, e os cientistas de religião são especialistas em religião.
   b) Os teólogos são especialistas em rituais mágicos, e os cientistas de religião são especialistas em religião.
   c) Os teólogos são especialistas em religião, e os cientistas de religião são especialistas em ritos religiosos.
   d) Os teólogos são especialistas em histórias das religiões, e os cientistas de religião são especialistas em conteúdo religioso.
   e) Os teólogos são especialistas em antropologia, e os cientistas de religião são especialistas em doutrina.

ATIVIDADES DE APRENDIZAGEM

Questões para reflexão

1. Escolha um teólogo e pesquise sobre o caminho da teologia, principalmente na tradição cristã. Registre seus resultados e justifique sua escolha pelo teólogo.

2. O que é teologia católica? Discorra sobre a teologia da tradição católica e a teologia ecumênica. Relacione essas duas teologias.
3. Quais são as semelhanças e as diferenças entre teologia e ciências da religião?

Atividade aplicada: prática

1. Relacione e descreva três elementos importantes da história de teologia da tradição católica.

CIÊNCIAS DA RELIGIÃO E OUTRAS CIÊNCIAS HUMANAS

A religião se apresenta em duas modalidades opostas e complementares: o sagrado e o profano. Esses conceitos regulam o comportamento do ser humano por meio de regras estabelecidas e que devem ser seguidas. Aquilo que é sagrado deve ser seguido, e aquilo que é profano deve ser abandonado. Como aponta Jordão (1993, p. 295):

> O que nos leva a pensar é que a atividade humana sempre possui o foco além de uma realidade existencial – uma realidade do poder ou do mistério, com o qual o ser humano quer comunicar diariamente. Aqui se encontra a semente do fenômeno religioso, algo novo surgido na história ou na vida dum indivíduo por razões estranhas ao mesmo fenômeno inerente ao ser humano.

Continuando o raciocínio do autor, a origem do fenômeno religioso é algo que pode ser objeto de estudo em paridade com qualquer outro fenômeno de ciências humanas sujeito às mesmas leis de qualquer outro gênero de atividade humana. Jordão (1993, p. 295) afirma:

De entre estes defensores da religião como uma atividade ocasional e na dependência de circunstâncias [...], destacam-se os que veem a sua origem na influência da sociedade, os que a ligam à necessidade de contornar as forças indomáveis da natureza e os que a fazem depender do dinamismo incontrolável do psiquismo humano.

Neste capítulo, veremos a religião sob a perspectiva de outras ciências intimamente ligadas com o fenômeno da religião. Pretendemos apresentar cinco visões: antropologia da religião, geografia da religião, filosofia da religião, sociologia da religião e psicologia da religião. Para tanto, primeiramente, faremos uma introdução da história das religiões e finalizaremos o capítulo com alguns comentários gerais sobre esses saberes escolhidos.

4.1 Ciências da religião e história das religiões

Nos últimos 30 anos, a religião voltou a estar em evidência em decorrência do aumento de publicações sobre assuntos religiosos em distintos continentes. A Primavera Árabe, por exemplo, deu visibilidade à tradição islâmica no Oriente Médio e na África do Norte. Tivemos o surgimento do pentecostalismo na América Latina e as transformações internas no hinduísmo com o conceito hindutva no subcontinente indiano, além dos movimentos radicais no budismo do Sudeste Asiático e da fragilidade da tradição cristã no continente europeu e na América do Norte. Alves e Alves (2009, p. 41) associam a evidência da religião a dois fatores:

> O período em que vivemos, de acentuada crise de valores humanitários, de falta de ética, da ditadura da econocracia, em que o dinheiro passou a ser a medida de todas as coisas, de esvaziamento da nossa essência humana, etc., aliado ao movimento lento, mas

real, de um processo de bestificação das pessoas remete-nos às tradições religiosas indianas, as quais em seu corpo doutrinal, afirmam que estamos vivendo a era de *kaliYuga* – cuja característica é uma grande parcela de mal prevalecendo sobre um ínfimo número de bem sendo praticado pelas pessoas. Outra possibilidade de resposta é a da função da religião, que é a de tornar mais humanas as pessoas afastando-as dos limites biológicos próprios da nossa constituição orgânica.

Foram realizados diversos procedimentos por parte de pesquisadores para conhecer o surgimento e o processo evolutivo da religião. Tratar da história das religiões é fazer o retorno ao tempo antigo. Como afirma Albuquerque (2007, p. 21),"a atitude inaugural do historiador ante a religião é sua preocupação com o tempo e a dinâmica que isto acarreta. Por esse motivo, a abordagem história das religiões é tão velha quanto a própria história".

De onde partiu esse fenômeno das religiões para tratar da história delas? O que realmente quer-se apresentar e transmitir? De que forma o fenômeno pode ser compreendido e tem impacto na sociedade e na família? Esses questionamentos levaram Wach a especificar a tarefa das ciências da religião em duas áreas:

> Enquanto a história estuda religiões de maneira longitudinal, a Ciência Sistemática da Religião as estuda de maneira transversal. Cortes longitudinais são feitos dentro de uma religião particular; eles reconstroem o desenvolvimento de um objeto religioso entre dois pontos de seu contínuo histórico. Cortes transversais percorrem várias religiões com a função de investigar um traço universal. (Wach, citado por Greschat, 2006, p. 47)

Assim, podemos observar uma tensão entre aquilo que realmente a religião é e aquilo que ela pretende apresentar para a sociedade. Além disso, quando se trata história das religiões, não abordamos religião segundo uma ordem cronológica fixa, como a arqueologia, mas analisamos o processo evolutivo do objeto praticado de maneira semelhante e divergente em épocas, lugares e culturas diferentes. No contexto atual, qualquer análise das religiões incorpora as tradições religiosas vivas que apresentam seu impacto concreto na humanidade.

Do ponto de vista fenomenológico, há uma questão relevante, que é introduzir adequadamente a relação entre múltiplas manifestações do objeto, entendidas como monoteísmo em certas culturas, como politeísmo em outras e, ainda, como panteísmo, que também faz parte de história das religiões. Uma tentativa de resolver esse problema constitui-se no "olhar fenomenológico sobre duas vertentes, ambas originárias e complementares: um olhar relacionado diretamente com a experiência religiosa e o outro dirigido para a projeção originária dessa experiência a partir das suas intencionalidades mais puras" (Terrin, 2004, p. 260). Mas a experiência diverge conforme as culturas, pois, segundo Muller (citado por Agnolin, 2013, p. 30): "Partindo do pressuposto de que cada cultura, cada povo, tem sua própria religião, e de que somente quem conhece a língua daquele povo pode explicá-la, formula-se a exortação: a cada especialista a sua religião".

Com base nessa visão, podemos entender que a busca de um originário comum levou os cientistas de religião a considerar os primitivos como representantes atuais de uma época primordial. Historiadores como Max Muller indicam que todos os fenômenos são da ordem natural, mas alguns deles se tornam pontos de referência para o estudo da religião. Muller (citado por Agnolin, 2013) ainda aponta que os fenômenos religiosos das sociedades mais antigas ou primitivas vieram a ser considerados as formas elementares da religião posteriormente estudadas por Durkheim e Mauss.

Já o antropólogo inglês E.B. Tylor tem opinião contrária e não apresenta distinção entre o homem natural e o homem cultural. Assim, encontram-se duas escolas de estudo de religião:

1. uma romântica (de Muller), que faz dos primitivos os depositários do primeiro elemento fundamental (a religião) que transforma o indiferenciado em povo, etnia, nação: uma perspectiva culturalista (conservadora) propriamente alemã;
2. uma positiva (de Tylor), que olha para os "primitivos" como aqueles que conservam uma forma rude de religiosidade, traço de uma perspectiva "civilizacional" (progressista) caracteristicamente inglesa (Agnolin, 2013).

No entanto, no século XX, surgiram relevantes discussões teóricas e metodológicas sobre religião e história e a relação entre elas. Nesse debate, entraram outras ciências humanas, como filosofia, antropologia, sociologia e psicologia. Para trabalharmos essa questão, precisamos considerar três modelos importantes:

1. o primeiro modelo, denominado *história das religiões*, apresenta dois grandes rumos: um voltado para a possível confirmação de crenças que os dados históricos pudessem trazer para o cristianismo e outro para o desaparecimento da religião, que ocorreria fatalmente com a expansão do progresso da ciência e da indústria (Albuquerque, 2007);
2. o segundo modelo, comparativo, "consiste em aproximar, a fim de ilustrar mutuamente, usos religiosos, narrativas, ritos de todos os tempos, de todos os povos, de todas as civilizações" (Albuquerque, 2007, p. 26);
3. o terceiro modelo, representativo, segundo o qual a história da humanidade caracterizar-se-ia pela laicização progressiva, o que, na época, ainda estaria longe da realização. Na origem

dessa história, haveria uma atmosfera saturada de animismo, pois se acreditava em espíritos perigosos e malfazejos atuando nas atividades do homem. Mas a humanidade não teria permanecido passiva, acreditando na presença misteriosa de forças espirituais que estariam ao seu redor. Para reagir contra elas, para domá-las e sujeitá-las a seus fins, buscou auxílio na magia, a que chama "falsa ciência", mãe de todas as verdadeiras ciências e "estratégia do animismo" (Albuquerque, 2007, p. 28).

Esses modelos apontam que existe um crescente estudo em perspectivas diversas sobre a história das religiões, o que nos leva à abordagem da religião segundo ciências específicas.

4.2 Ciências da religião e antropologia

A antropologia da religião teve início com a história acadêmica acerca do discurso sobre a religião nas universidades europeias, pois havia muito interesse por culturas e religiões estrangeiras no campo acadêmico da Europa. Conforme Schmidt (2007, p. 56), "os primeiros acadêmicos foram influenciados pelo iluminismo, o movimento na filosofia europeia dos séculos XVII e XVIII que tinha seu foco no estudo do assim chamado 'progresso da civilização humana'".

Jordão (1993) apresenta Epicuro como o primeiro teorizador da origem naturalista e insólita da religião. Para o autor, "o fato de o homem não conhecer devidamente a natureza nem conseguir controlar um grande número de fenômenos naturais, leva-o a acreditar na existência de seres que tudo sabem e tudo podem fazer em seu próprio proveito" (Jordão, 1993, p. 296). Dominados por essa convicção, os homens procuram fazer tudo o que lhes parece ser agradável aos senhores da natureza para conseguirem alcançar seus favores e sua proteção contra a adversidade dos elementos naturais. Com base nesse raciocínio, podemos afirmar que a religião é apenas uma arte de captar os favores dos deuses e sua proteção contra qualquer tipo de perigo.

Os antropólogos tomaram rumos diferentes em suas análises e, para ilustrar, mencionaremos dois aspectos: (1) magia como ponto de partida para a religião (James Frazer) e (2) religião como sistema cultural (Clifford Geertz).

A noção de religião como prática ritualística universal, de Frazer (1982), aponta que a magia se baseia na confiança do homem em poder controlar diretamente a natureza, pois, por meio da magia podem ser obtidos benefícios ou ser feitos malefícios. A natureza é regular, está submetida a leis que conduzem o universo. Mas, às vezes, a natureza foge das leis apresentando certas anormalidades, como trovão, tempestades, dilúvios – então, é necessário o uso de mecanismos adequados para colocar a natureza em seu lugar. Portanto, precisamos da atitude mágica.

Os dois princípios nos quais se baseia a magia são: "primeiro, que o semelhante produz o semelhante, ou que um efeito se assemelha à sua causa; e, segundo, que as coisas que estiveram em contato continuam a agir umas sobre as outras, mesmo à distância, depois de cortado o contato físico" (Frazer, 1982, p. 34).

A religião, segundo o autor

> Consiste, ao contrário, no reconhecimento da impotência humana diante da natureza. A causa dos fenômenos, segundo esta concepção, não está, portanto, na natureza, mas está além dela, na ordem do pensamento. A religião já não é pura magia, pois não considera os poderes ocultos na natureza como próprios dela, mas como dependentes de um ou vários seres superiores e não procura captar as suas forças ocultas de forma caótica, mas por

meio de práticas reguladas e tidas como ditadas pelos poderes superiores. (Frazer, 1982, p. 36)

Contudo, ainda não é uma ciência, pois não procura o domínio da natureza pelo conhecimento de suas leis, mas pela invocação de um poder que atua em seu interior, embora esteja totalmente acima dela (Jordão, 1993). Nesse sentido, entendemos magia e religião como duas formas de racionalização da natureza: a **magia** é mais rudimentar, menos evoluída, pertence ao mundo dos primitivos; a **religião** é mais evoluída e pertence às sociedades mais sofisticadas, uma das características da sociedade ocidental.

A produção simbólica de toda sociedade consiste em "formulações tangíveis de noções, abstrações da experiência fixada em formas perceptíveis, incorporações concretas de ideias, atitudes, julgamentos, saudades ou crenças" (Geertz, 1989, p. 105).

Para Geertz (1989), qualquer ritual religioso, por mais que pareça automático ou convencional, envolve a fusão simbólica desses dois elementos: *ethos* e visão do mundo. O primeiro refere-se aos aspectos morais (estéticos) e designa as disposições do povo, o caráter e a qualidade de sua vida e sua atitude em relação a ele mesmo e a seu mundo, isto é, corresponde ao mundo real e praticado; o segundo, aos aspectos cognitivos e existenciais, ou seja, ao mundo pensado.

Essa fusão existente entre *ethos* e visão do mundo é demonstrada por Geertz (1989) com mais clareza ao tratar do universo religioso. Diz ele: "Os símbolos religiosos formulam uma congruência básica entre um estilo de vida particular e uma metafísica específica e, ao fazê-lo, sustentam cada uma delas como a autoridade emprestada do outro" (Geertz, 1989, p. 103-104). Ao descrever essa dinâmica, o autor utiliza a noção de modelo, que, segundo ele, tem dois sentidos:

um sentido 'de' e um sentido 'para' embora estes sejam dois aspectos de um mesmo conceito básico. No primeiro caso, a ênfase cai na manipulação das estruturas simbólicas de forma a colocá-las próximas e paralelas com o sistema não simbólico; no segundo caso, enfatiza a manipulação dos sistemas não simbólicos em termos das relações expressas no simbólico. (Geertz, 1989, p. 107)

Em outras palavras, o mundo imaginado se torna "modelo da" experiência vivida no mundo e, portanto, "modelo para" a vida real.

4.3 Ciências da religião e geografia

Nos últimos anos, os estudos de geografia começaram a impactar significativamente o campo da religião. Os estudiosos da religião perceberam as contribuições da geografia ou do espaço físico e cultural na construção do conteúdo religioso. Assim, foram desenhadas inter-relações entre paisagem e religião por meio de uma disciplina específica, a geografia da religião, o que ocorreu com a emancipação gradual das premissas teológicas (Usarski, 2007).

A geografia é uma ciência que estuda as características da superfície da Terra, os fenômenos climáticos e as interações do ser humano com o meio ambiente. Um dos conceitos básicos utilizados nessa ciência é o de *paisagem geográfica*, definido como o conjunto de estruturas naturais e sociais de um lugar no qual se desenvolve uma intensa interatividade entre os elementos naturais, entre as relações humanas e destes com a natureza. Geograficamente, paisagem é tudo o que podemos perceber por meio de nossos sentidos (Andrade, 2010).

Existem dois tipos de paisagens: (1) paisagens naturais (florestas, pântanos, rios) e (2) paisagens culturais (resultam da ação humana, como pontes, túneis, estradas e cidades). Como afirma Andrade (2010, p. 14):

A variação de cada elemento determina a configuração de uma paisagem. O clima quente e úmido, por exemplo, produz florestas com grande biodiversidade; em contrapartida, nas zonas polares a biodiversidade é menor. As paisagens culturais podem ser divididas em rurais e urbanas. A primeira é formada pela atividade agropecuária (propriedades rurais, fazendas, chácaras e sítios). A segunda é constituída por elementos urbanos (ruas, avenidas, praças, viadutos, prédios) e é caracterizada por uma maior concentração de habitantes.

A paisagem geográfica tem o próprio valor, determinado em diversas áreas de atividade humana. Esses valores se encontram solitários e contemplam três áreas distintas, como aponta Gil Filho (2009, p. 93):

> o primeiro valor se encontra no campo espiritual, que congrega os significados místicos e éticos atávicos da religião, os quais simbolicamente se refletem em forma material, imagem e prática social; o segundo no campo cultural, que emerge dos costumes e das práticas sociais, conferindo o seu caráter de representação; remete à consciência do seu passado e à situação geográfica; e finalmente o tercerio é estético, a forma de expressão e a imagem inspirada em valores religiosos, caracteriza-se por grande diversidade, pois, além do aspecto geográfico, é influenciado pelo contexto histórico do local.

Logo, podemos entender que a "Geografia da Religião é uma disciplina que estuda a imagem cultural da religião tirada do mundo perceptual e fenomênico constituído de marcas pictóricas que fazem parte de uma determinada paisagem geográfica" (Gil Filho, 2009, p. 93, citado por Andrade, 2010, p. 15). Os três valores trazidos do campo geográfico posteriormente foram transportados ao campo antropológico, que fornece as pistas para a vivência cotidiana, possibilitando a construção dos conteúdos moral, espiritual e ritualístico das tradições religiosas.

4.4 Ciências da religião e filosofia

Primeiramente, é prudente apresentar sucintamente a Filosofia como disciplina acadêmica e sua contribuição na análise da religião. A filosofia tem o objetivo de motivar o ser humano a compreender, por meio da razão, a si próprio, sua existência e por que existe o mundo. Essas inquietações eram dos filósofos gregos, quando elaboravam o pensamento filosófico, e permanecem até nos tempos atuais; são também nomeadas de *problemas filosóficos*, os quais podem ser desdobrados em muitas outras questões.

A primeira inquietação – compreender a si mesmo – leva ao entendimento da vida humana como um todo. O ser humano é um ser espiritual, portanto, é necessário de entender a natureza humana, a alma, a liberdade, as emoções, as normas e condutas etc. A segunda inquietação refere-se à existência do homem no mundo e contempla sua relação com o universo ao seu redor. Finalmente, a terceira inquietação, o motivo da existência humana no mundo, mostra a relação do homem com o absoluto e outras variações.

Assim, de modo geral, podemos afirmar que o pensamento filosófico se ocupa de três grandes questões: eu, mundo e Deus. Esses três aspectos colocam a filosofia em seu eixo. O ser humano, consciente de sua condição humana no mundo, olha com espanto o absoluto, a realidade última. É nesse sentido que Bochenski (1977) afirma que, para o filósofo, Deus não está no início de tudo como acreditam os crentes, mas o filósofo começa compreender Deus a partir de sua observação racional do mundo.

Assim, ao falarmos de religião, ou melhor, ao estabelecermos um discurso filosófico sobre o fenômeno religioso, devemos fazer isso com base na experiência da realidade do dia a dia. Nesse sentido, a religião é algo cotidiano, que nasce das necessidades do dia a dia, das buscas e esperanças por um futuro melhor, dos anseios, das angústias e das ilusões enraizadas na condição humana. Justamente nesse momento inicia-se o diálogo entre a filosofia e as ciências da religião.

Na perspectiva filosófica, a origem da palavra *religião* é explicada de três modos distintos. O primeiro remete a Cícero, que conceituou como *relegere*, o que simbolicamente aponta para as orações elaboradas nos ritos religiosos, mas não recitadas corretamente. O segundo traz o conceito de Santo Agostinho, *religere*, fortemente influenciado pela tradição cristã, e seria voltar a escolher Deus depois da queda do pecado original. O terceiro refere-se a *religare*, conceito de Lactâncio que aponta para o reconhecimento da dependência pessoal em relação a Deus.

Santo Tomás adota essa terceira definição, dando perfis mais exatos ao sentido dessa religação, recordando seu estatuto metafísico ou ontológico. Para ele, o mundo, antes de existir, estava na mente de Deus. Com o ato de Deus, o mundo veio a existir, foi separado de Deus e, ao mesmo tempo, ficou vinculado com Deus. Portanto, a criatura criada por Deus se encontra dependente do Criador. Essa dependência é uma tentativa consciente, livre e racional da criatura, portanto é uma religação, ou religião.

Queiruga (1999, p. 33) desenvolve e avança com clareza essa ideia:

> a religião é uma resposta humana e um problema humano. E fique claro: o pensamento filosófico percebe na religião uma produção cultural e, por mais elevado que se apresente um sistema religioso, sempre consiste em uma elaboração humana: é a visão que determinado grupo de humanos possui acerca dos problemas fundamentais que lhes apresenta a existência.

Essa elaboração humana sobre os anseios cotidianos apresentados na religião é uma forma de compreender a realidade, de encontrar a resposta para nossa vida. Podemos dizer que é uma "porta de entrada" para a análise da existência que nos leva a questionar sobre nossa própria condição humana. Como aponta Queiruga (1999, p. 33):

> No fundo, o ateu e o crente vivem na mesma realidade e se confrontam com os mesmos problemas radicais. Diferem unicamente na resposta que lhes dão. Um pensa a realidade em seu aspecto fático e em seu funcionamento empírico; ao passo que ao outro a realidade, com seu próprio modo de ser, indica-lhe que não se funda em última análise em si, mas numa presença criadora que a habita, sustenta e promove.

Reiteramos: diante da realidade da existência, há várias dimensões de abordagens, modos variados, às vezes complementares e por vezes excludentes, de compreendermos aquilo a que nomeamos *existência*. A filosofia e a religião são um desses modos. A tarefa assinalada à filosofia da religião é o discernimento racional da atitude religiosa do ser humano, ou seja, a preocupação do pensamento filosófico no tocante à questão religiosa, ou seja, a relação do ser humano com o absoluto sobre as questões do sagrado e do religioso. Assim, percebemos que a tarefa da filosofia é indicar que a religião é um problema do ser humano, que pensa constantemente sobre sua condição humana e que o faz vincular-se com a realidade última.

Outros filósofos, porém, conforme Jordão (1993), consideram a religião como um fenômeno humano, não redutível a qualquer outro, mas que goza de autonomia e é inerente ao homem. Nessa concepção, o problema que naturalmente surge é saber se trata-se de um fenômeno cuja origem e dimensão são simplesmente humanas ou de um fenômeno cuja origem é sobre-humana e cujo campo se estende para além do domínio da atividade vulgar do ser humano. A religião é um reflexo natural, muitas vezes espontâneo, sem ter nenhum vínculo com oabsoluto. Dois filósofos que defendem essa ideia são Feuerbach e Nietzsche.

Vejamos as posições desses dois filósofos conforme apresentado por Jordão (1993). Segundo esse autor, para Feuerbach

> a religião não é mais do que uma manifestação do homem enquanto tal, cuja dimensão e poder ultrapassam em muito as dimensões concretas e capacidades próprias de cada indivíduo em particular. Cada ser humano sente em si mesmo um poder e uma força de expansão para lá de todos os limites a que ele normalmente se vê confinado na sua existência e, não sabendo que se trata duma manifestação do poder ilimitado da natureza humana de que ele participa, julga que deve existir um ser diferente dele, com um poder infinito, e dedica-se a prestar-lhe culto como se de um outro completamente diferente se tratasse. (Jordão, 1993, p. 298)

Com relação a Nietzsche,

> a religião é uma expressão natural e intrínseca ao homem, reflexo dum "poder de ser", que o habita e ultrapassa tudo quanto na sua existência, pelas práticas habituais, é posto em ação. A religião situa-se ao nível duma experiência do incomensurável, que penetra o mais profundo do ser humano. A "experiência do divino" não é mais do que uma expressão gerada na "alegria criadora" que inunda o interior do homem, um "sentimento de excesso de poder" que nele tende a concretizar-se. A religião, pura e genuína, não é mais do que "uma forma espontânea de gratidão" pela grandeza do que é ser homem, que ultrapassa em muito os estreitos limites a que cada homem em particular vê reduzida a sua normal existência. (Jordão, 1993, p. 298)

De fato, esses dois filósofos tentam reduzir a religião a um fenômeno puramente natural e que deve ser resolvido racionalmente pelo próprio ser humano, a fim de atender às suas necessidades cotidianas.

4.5 Ciências da religião e sociologia

O primeiro teorizador da origem social da religião foi Durkheim. Para distanciar-se da perspectiva evolucionista, ele usou o material etnográfico então disponível sobre as chamadas *sociedades primitivas*, no intuito de elaborar uma teoria geral da religião. Com a análise das instituições religiosas primitivas, pretendia chegar a uma teoria das religiões superiores. Em sua obra *As formas elementares de vida religiosa*, Durkheim concebe a religião como um sistema cujas partes só poderiam ser definidas em relação ao todo (Andrade, 2003).

Além disso, Durkheim (1989), em sua elaboração do fenômeno religioso, afirmou que a sociedade dispõe de elementos suficientes para despertar seus membros para a presença do divino. Como aponta Jordão (1993, p. 295-296):

> A sociedade é um "grande pai", que impõe a sua vontade a todos os "filhos" e tudo dirige para manter a sua autoridade sobre a vontade dos indivíduos. Com base na predisposição para a obediência, assim gerada entre os seus membros, a sociedade tudo faz para canalizar este estado de espírito em proveito da sua estabilidade. Os homens, porém, uma vez impregnados pela sensação dum poder que os transcende e do qual não conseguem libertar-se, facilmente se convencem da existência dum ser soberano a quem todos devem obedecer.

A sensação de um poder superior, criado pela sociedade, mas para os indivíduos, aparece como se fosse um poder sobrenatural, razão pela qual eles se dedicam a venerar ou prestar culto a Deus. Logo, podemos entender que a tarefa adequada da sociologia da religião é o estudo do aspecto interpessoal e comum dos fenômenos religiosos. Enfatiza o condicionamento social dos eventos religiosos e sua interdependência como sistema sociopolítico e cultural; por outro lado, trata das formas religiosas de vida social, analisando seus problemas no âmbito da secularidade. De acordo com Hernandez (1999, p. 39, tradução nossa):

> [A sociologia da religião] Olha principalmente para o comportamento religioso externo da coletividade, ou seja, em seus avatares relacionados à sociedade, em sua densidade no presente e em seu possível futuro. Seu método preferido são as estatísticas. É interessante destacar o papel da sociologia da religião porque determina o aspecto comunitário como constitutivo, de modo que toda análise rigorosa, tanto fenomenológica quanto filosófica, deve necessariamente ter um conhecimento sociológico do fenômeno religioso.

A conexão social da religião torna-se, assim, uma plataforma e vitrine dela, de tal forma que muitos autores consideram a sociologia como o principal ramo da ciência da religião. Sociólogos clássicos reduzem as implicações sociais da religião desta forma:

- o conceito de religião depende da ideia de sociedade que se tem;
- há uma pluralidade de funções na comunidade social de acordo com o conceito religioso;
- as variações dessas funções devem ser analisadas à luz de vicissitudes históricas e situações sociais.

Muito sociólogos afirmam que o fato religioso só pode ser definido com base em parâmetros sociais e que a vida na sociedade é um lugar apropriado para compreender aspectos fundamentais da religião. É verdade que a dimensão social do ato religioso não o esgota em sua totalidade, mas também é verdade que ele constitui um elemento essencial dele. As contribuições da análise social são essenciais tanto para obter uma descrição fenomenológica adequada quanto para estabelecer uma reflexão racional sobre a atitude religiosa.

4.6 Ciências da religião e psicologia

O primeiro teorizador que abordou a origem psicológica da religião foi Sigmund Freud. A psicologia da religião é uma disciplina centrada no condicionamento psíquico do comportamento religioso e estuda os resultados do encontro do homem com o sagrado no nível da consciência. Em outras palavras, investiga os componentes psicológicos da atitude religiosa segundo as formas comportamentais dos crentes. Conforme Jordão (1993, p. 297), para Freud,

> a religião nasce do fato de o homem não conseguir dominar a imensa complexidade de forças contrastantes que atuam dentro de si mesmo e é naturalmente levado a convencer-se da existência de um ser todo poderoso, cujo poder se faz sentir dentro de si mesmo, para que se coloque em tudo na sua dependência. Desconhecedor dos mecanismos que atuam no seu inconsciente e, ora acorrentado a forças invencíveis ora possuído por ideais inacessíveis, que de forma nenhuma consegue descobrir como obra sua, o homem imagina que tem de existir um ser que tudo governa e que exige inteira obediência.

Para a psicologia, o fenômeno religioso é um produto das forças incontroladas do inconsciente humano. Ao contrário da psicopatologia, que lida com fenômenos especiais de uma ordem religiosa próxima à alucinação, a psicologia da religião analisa as implicações psicológicas derivadas da consciência da dependência de um ser superior. Por ser um fato humano específico, a religião se enquadra na ciência psicológica. No entanto, existem alguns questionamentos sobre a análise científica no campo de psicologia da religião. Hernandez (1999, p. 38, tradução nossa) afirma:

> É difícil determinar os conceitos-chave que permitem a compreensão científica correspondente. Apontar esses elementos é tarefa da psicologia empírica da religião, uma tarefa que deve ser cumprida através da linguagem religiosa, um meio no qual o objeto transcendente e as realidades que o significam são expressos.

Existem outros pesquisadores, como C. G. Jung, que questionam até que ponto os conteúdos narrados por essa linguagem são específicos. Jung (citado por Hernandez, 1999, p. 39, tradução nossa) afirma:

> Manifestações religiosas, enraizadas na psique humana, são uma expressão de consciência transformada pela experiência do sagrado, conhecida apenas por uma linguagem peculiar, a simbólica e a mítica. No entanto, acho necessário distinguir psicologia da religião de psicologia religiosa.

No fenômeno religioso, percebemos as representações de Deus e seu impacto na consciência do sujeito com resultados positivos, a fim de obter uma melhor compreensão acerca da atitude religiosa, especialmente cristã. Como aponta Valle (2007, p 123):

> Do ponto de vista da complexidade da "alma humana" em sua busca de sentido, não há por que se admirar de que as ciências da religião e a psicologia da religião, em especial, encontrem

dificuldades para a chegar a um acordo sobre sua definição e seu objeto. Há uma enforme diversidade nas motivações, objetivos e dinâmicas dos comportamentos religiosos; os grupos religiosos são marcados pela variedade de suas crenças e expressões; as ciências do homem e da cultura levantam questionamentos antes nunca considerados pela humanidade.

Não podemos esquecer que a psicologia da religião, como ciência e como um saber que interessa profundamente ao crescimento da humanidade no campo da espiritualidade religiosa, faz a humanidade mais humana. É uma psicologia religiosa, que abre as possibilidades ao diálogo a serviço da teologia e da pastoral cristã.

4.7 Comentários gerais

Os saberes que apresentamos são conhecidos e indispensáveis ao estudo do fenômeno religioso e estão vinculados direta ou indiretamente ao campo da religião. O intuito é criar pontes entre diferentes campos de saber para fortalecer a investigação sobre a religião com as perspectivas diversas.

Para todos os autores das ciências analisadas neste capítulo, o fenômeno religioso é o tema, e sua origem pode ser identificada como uma realidade natural, além de poder ser estudado cientificamente por meio de suas manifestações elementares. Nesse caso, a religião é apenas um produto cultural, e sua origem pode ser identificada em um tempo cronológico, com estágios de evolução, iniciando com a magia até a ciência. Nesse contexto, a caracterização do fenômeno religioso pode ser feita pela sociologia, e a penetração no seu âmago, pela psicologia.

Logo, podemos mencionar que são importantes os estudos sobre os saberes sociais da história das religiões, da antropologia, da geografia, da filosofia, da sociologia e da psicologia da religião.

Tais estudos, porém, têm encontrado sérias dificuldades na determinação da origem histórica e no gênero de evolução, se progressiva, se regressiva, do fenômeno religioso. Por isso, é evidente que, mais do que sua origem ou evolução, as ciências da religião voltaram-se para descobrir as exigências especificamente humanas que determinam o fenômeno religioso. Além disso, concluem que tal fenômeno possivelmente tende a desaparecer e emergir sob outras formas de atividades mais adequadas para atingir os mesmos objetivos.

Para finalizarmos, é possível afirmar, portanto, que a antropologia, a geografia, a filosofia, a sociologia e a psicologia da religião não são ciências isoladas. Embora possam dar a impressão de conhecimento parcial, elas se coordenam em complementaridade mútua com muitos outros capítulos ou partes de uma ciência geral que as engloba. Centradas na observação empírica dos fatos, renunciam aos preconceitos filosóficos e teológicos e cumprem sua missão ajustando-se ao método das ciências positivas. Desse modo, preparam o caminho para outras formas de compreensão do fenômeno religioso e da religião.

SÍNTESE
Neste quarto capítulo, nosso objetivo foi promover o diálogo entre ciências da religião e outros saberes que também analisam a religião sob perspectivas diferentes – ou seja, sob as perspectivas antropológica, geográfica, filosófica, sociológica e psicológica. Todas elas são importantes para adquirir uma visão holística do objeto pesquisado.

No decorrer do capítulo, também buscamos compreender a relação dessas ciências com a religião, quais os aspectos são tratados e por que são tratados.

INDICAÇÕES CULTURAIS

CASA DO SABER. **A ciência é maior que a religião?** 16 jun. 2016. Disponível em: <https://www.youtube.com/watch?v=Bg_I1doyfgI>. Acesso em: 12 jun. 2022.

O vídeo explica que a ciência é maior que a religião. Quem aborda esse assunto é professor Frank Usarski, o qual aponta que a religião está perdendo gradativamente a força no contexto contemporâneo.

ATIVIDADES DE AUTOAVALIAÇÃO

1. Nas discussões teóricas e metodológicas do século XX sobre as relações entre religião e história, entraram diversas ciências específicas, como sociologia, antropologia e filosofia. Para tratar do assunto, Albuquerque (2007) apresenta três modelos fundamentais. Analise as afirmativas a seguir sobre o tema.

    I. O primeiro modelo, denominado *história das religiões*, encontra-se com dois grandes rumos específicos: um voltado para a possível confirmação de crenças de que os dados históricos pudessem trazer para o cristianismo e outro afirmando que tais dados ajudariam no desaparecimento da religião, o que ocorreria fatalmente com a expansão da ciência e da indústria.

    II. Há um modelo místico, que consiste na elaboração dos conteúdos das religiões religiosas.

    III. O segundo modelo é comparativo e aproxima usos religiosos, narrativas e ritos de tempos e povos diversos.

    IV. O terceiro modelo é representativo, e nele a história da humanidade se caracteriza pela laicização progressiva.

    Agora, assinale a alternativa correta:

A] As sentenças I, II e III são verdadeiras.
B] As sentenças I, III e IV são verdadeiras.
C] As sentenças II, III e IV são verdadeiras.
D] As sentenças I, II e IV são verdadeiras.
E] As sentenças I e II são verdadeiras.

2. A geografia da religião é:
   A] o estudo que procura analisar o impacto da geografia sobre a crença religiosa.
   B] uma disciplina que estuda terremotos e maremotos do mundo perceptual e fenomênico, constituído de marcas pictóricas que fazem parte de determinada paisagem geográfica.
   C] uma disciplina que estuda a paisagem cultural da religião oriunda do mundo perceptual e fenomênico, constituído de marcas pictóricas que fazem parte de determinada região geográfica.
   D] uma disciplina que estuda florestas e rios para ter controle sobre os fenômenos da natureza.
   E] uma disciplina que estuda somente as questões de vida dos animais.

3. A filosofia inicia seu diálogo com as ciências da religião por meio do discurso filosófico sobre o fenômeno religioso. A esse respeito, é correto afirmar:
   A] Revela-se a religião coisa bem divina, pois nasce, precisamente, das necessidades dos deuses sobre os alimentos terrenos.
   B] Revela-se a religião coisa bem terrena, porém não se preocupa com as coisas terrenas, somente divinas.
   C] Revela-se a religião coisa do outro mundo, mas se vincula com necessidades, buscas, esperanças, angústias, anseios e ilusões mais enraizadas na condição humana.

D] A religião é algo cotidiano, que nasce das necessidades do dia a dia, das buscas e esperanças por um futuro melhor, além de anseios, angústias e ilusões enraizadas na condição humana.
E] Revela-se a religião coisa divina, mas se preocupa com as coisas extraterrestres, e não com os humanos.

4. Muitos sociólogos clássicos consideram a sociologia como o principal ramo da ciência da religião, pois eles reduzem as implicações sociais da religião para os seguintes aspectos:
   I. O conceito de religião depende da ideia de sociedade que se tem; existe uma pluralidade de funções na comunidade social de acordo com o conceito de religioso.
   II. A sociedade determina a ideia da religião e orienta como se deve seguir.
   III. A sociedade se coloca à disposição para construir o conteúdo da religião.
   IV. As funções variam à luz de vicissitudes históricas e situações sociais.

   Agora, assinale a alternativa correta:
   A] As sentenças I e II são verdadeiras.
   B] As sentenças I e IV são verdadeiras.
   C] As sentenças I e III são verdadeiras.
   D] As sentenças II e IV são verdadeiras.
   E] As sentenças III e IV são verdadeiras.

5. O que é a psicologia da religião?
   A] É uma disciplina centrada no condicionamento psíquico do comportamento religioso que estuda os resultados do encontro do homem com o sagrado no nível da consciência.
   B] É uma disciplina centrada no condicionamento psíquico do comportamento religioso que estuda os fenômenos sociais.

c) É uma disciplina centrada no comportamento do ser humano, e não na religião.
d) É uma disciplina que estuda os adolescentes, e não a religião.
e) É uma disciplina que estuda os contextos humanos, principalmente sobre as pessoas de idade.

ATIVIDADES DE APRENDIZAGEM

Questões para reflexão

1. Escolha uma das ciências (antropologia, filosofia, sociologia, geografia ou psicologia) e faça uma pesquisa sobre a abordagem das ciências da religião. Depois, descreva seus achados.

2. O que é filosofia da religião? Como você pode entender que a filosofia tem uma íntima relação com as ciências da religião?

Atividade aplicada: prática

1. Descreva sucintamente a sociologia da religião e analise como a sociedade influencia a religião e a religião influencia a sociedade.

CIÊNCIAS DA RELIGIÃO E O CRISTIANISMO

Tratar da relação entre as ciências da religião e o cristianismo não é uma tarefa fácil. O cristianismo desenvolveu uma dinâmica própria em sua compreensão, expansão, estruturação, contextualização e aplicação do conteúdo. No decorrer dos séculos, durante o processo de difusão, o cristianismo elaborou três aspectos sobre si muito distintos, porém complementares: escritura, tradição e magistério. A escritura corresponde ao conteúdo elaborado com a inspiração divina; a tradição é o embasamento na revelação sustentada pelos que conviveram com Jesus; o magistério é estrutura, o corpo organizativo que sustenta e oferece a continuidade dos dois primeiros.

No entanto, sabemos que a consciência histórica, que nos avisa de que todo conhecimento humano é limitado, tem outro lado da consciência religiosa, que nos admoesta de que a realidade divina é ilimitada. Isso significa, nas palavras de Knitter (2010, p. 58):

> Se a consciência histórica nos diz que cada compreensão humana da verdade é intrinsecamente finita e condicionada, a consciência religiosa – o fruto da experiência religiosa – conta nos até mais seguramente que a Divina Realidade e Verdade é, por sua própria natureza, sempre mais do que qualquer ser humano possa compreender ou qualquer religião possa expressar.

O cristianismo se fundamenta na origem divina, pois seu nascimento encontra-se na região semiárida de Palestina, região pedregosa, com pouca vegetação, ao redor do mar do Morto e do mar da Galileia. A tradição nasceu como um movimento protestante do judaísmo liderado por Jesus. Nessa forma, carrega muitos elementos da antiga tradição, mantidos como herança, encontrados no Antigo Testamento. Os cristãos veem o fundador como o próprio filho de Deus, enviado como salvador e construtor da história junto dos seres humanos, quer dizer, o mistério absoluto de Deus foi revelado ou tornou-se real na encarnação de Jesus.

Neste capítulo, apresentaremos os contextos do nascimento do cristianismo e sua expansão. Ainda, demonstraremos a construção da fé na tradição que embasa a revelação divina e o magistério, que coordena o conjunto da preservação da estrutura e o conteúdo dessa doutrina.

A história revela que, entre os cristãos, houve disputas de pequenos grupos no campo teológico, as quais deram origem a muitas ramificações do cristianismo, como a Igreja Católica, a Igreja Ortodoxa Oriental, as Igrejas Protestantes e, nos últimos anos, as Igrejas Pentecostais.

5.1 Origem do cristianismo

O cristianismo tem mais de dois mil anos de história, a qual se iniciou com o ministério de Jesus e seus 12 apóstolos, no século I d.C., na região de Palestina, atual Israel, com Jerusalém como seu centro de difusão. É uma religião monoteísta fundamentada nos ensinamentos de Abraão e seus descendentes, e esses ensinamentos foram aperfeiçoados por Jesus Cristo, que nasceu na cidade de Belém, na Judeia (Palestina).

Por ser judeu, a história conta que Jesus percebeu haver certo desvio na tradição judaica e, assim, começou um processo de discernimento para dar novo impulso no interior da própria tradição. No entanto, houve resistência por parte da elite da época e, por isso, seu trabalho atingiu primeiramente as pessoas da periferia, os pescadores. De maneira simbólica, esse movimento pode ser analisado pelo aparecimento de quatro figuras-chave: Pilatos, João Batista, Jesus de Nazaré e o profeta samaritano (Theissen, 2009). A introdução do batismo por João Batista era um indicador de que todos os judeus deveriam batizar-se mais uma vez por conta das impurezas decorrentes da proliferação dos símbolos e da integração dos povos na cultura helenística, algo buscado pelos governadores para ter apoio de Roma.

O surgimento de um profeta samaritano anônimo, que prometeu a seus seguidores tornar acessíveis os utensílios do templo que Moisés havia ocultado sobre o monte Garizim (Theissen, 2009), foi o ponto de partida para uma revitalização da religião samaritana. Essa revolta levou ao assassinato do profeta e à deposição de Pilatos do cargo de governador.

A missão de Jesus se encontra entre esses dois momentos (João Batista e o profeta samaritano). Sua mensagem simbólica, porém, era mais ampla, pois também se dirigia às classes dominantes, aos romanos e à classe aristocrata judaica, que apoiava a estrutura existente. Portanto, a missão foi, em primeiro lugar, realizada no território da comunidade judaica, já que Jesus queria, primeiramente, resgatar as ovelhas perdidas de Israel.

Como o judaísmo é uma religião ritualística, os comportamentos simbólicos preestabelecidos perpassam o dia a dia, direcionando o judeu para Deus e fazendo-no lembrar Dele e de Sua presença. Jesus, profundamente enraizado nessa tradição ritualística e simbólica, iniciou seu trabalho:

> Visto que as formas de comportamento ritual dizem muito mais acerca da proximidade ou da distância em relação a um grupo do

que as convicções interiores que fogem ao controle social, conclui-se, a partir da linguagem ritual de sinais, se Jesus situa-se no centro do judaísmo, na periferia ou para além de suas fronteiras. (Theissen, 2009, p. 53)

O primeiro preparativo para iniciar seu movimento e abrir espaço para novas possibilidades foi o profundo discernimento no episódio dramático da experiência do deserto (Bíblia. Lucas, 2002, 4: 1-13). Conforme a região geográfica, as pessoas escolhem os lugares de solidão, e Jesus escolheu o deserto, onde a paisagem pouca possibilidade tem de imprimir sua marca. No deserto, tudo é muito parecido e muito hostil, e o indivíduo passa a voltar-se para a paisagem interna – o confronto consigo abre a possibilidade de um confronto com o divino. O discernimento para romper com a tradição na qual nasceu e cresceu e abrir as possibilidades interculturais é o resultado da experiência do deserto. Realizada essa experiência, Jesus se abre aos três aspectos simbólicos: a constituição do círculo dos doze; a solene entrada em Jerusalém; a purificação do templo.

A constituição do círculo dos doze é uma ação político-simbólica que recorda o glorioso passado das doze tribos de Israel, configuradas em uma estrutura formada por um rei, uma aristocracia sacerdotal e outros poderes em outras escalas. No círculo dos doze, Jesus desenhou um governo representado e dirigido pelo povo da periferia, os pescadores e os camponeses.

A solene entrada em Jerusalém também indica que, nos festejos em Jerusalém, a abertura é feita pelas autoridades com a presença romana do Ocidente; entrando pelo lado do Oriente, Jesus é acolhido e proclamado como rei descendente de Davi pelos peregrinos – este é um gesto profundamente intercultural e quer dizer que Jesus é reconhecido como rei não somente pela população judaica, mas também pelas outras culturas.

A purificação do templo remete a vários significados. Era normal, durante as importantes festas, haver comerciantes e vendedores na parte externa do templo vendendo seus produtos. No entanto, aconteciam certos abusos com a cobertura dos saduceus, a qual ocupava o espaço para as vendas no interior do templo, principalmente dos corredores internos. A purificação indicaria que a aristocracia da época tinha perdido o poder vinculado aos ritos e sacrifícios; começava uma nova era, centrada mais na pessoa inteira e muito mais baseada no amor do que, propriamente, no cumprimento da lei. Em um sentido mais amplo, a purificação teve um impacto sobre as áreas religiosa, econômica e política, com a perda do poder e do prestígio da classe aristocrata, ao mesmo tempo que ocorria uma sustentação do movimento messiânico de Jesus.

5.2 Difusão do cristianismo

A difusão do cristianismo decorreu de três fatos distintos: destruição do templo de Jerusalém no ano 70 d.C.; expulsão dos seguidores de Jesus de Antoiquia no ano 85 d.C.; suposta conversão do imperador Constantino no ano 313 d.C.

A destruição do templo de Jerusalém aconteceu em razão das revoltas dos nativos judeus contra a dominação estrangeira, pois, nessa época, a Judeia se encontrava sob a dominação de Roma. Diversos grupos formados para defender a pátria e a religião foram subjugados definitivamente pelos romanos no ano 70 d.C., depois de 40 anos da morte de Jesus. Com a destruição do templo, símbolo da tradição judaica, os judeus foram expulsos de Jerusalém, e a maior parte deles acabou indo para Antioquia, a cidade mais importante da região, tendo em vista sua localização estratégica para o comércio.

Esses judeus estavam divididos em dois grupos: judeus tradicionais e judeus seguidores de Jesus; surgiram desentendimentos, os quais terminaram com a expulsão dos seguidores de Jesus a partir do Concílio de Jamnia, no ano 85 d.C. Após esse concílio, os seguidores de Jesus vieram a ser conhecidos como cristãos – podemos dizer que aconteceu historicamente o nascimento da Eclesia, ou da Igreja.

A expulsão dos seguidores de Jesus de Antioquia e de Jerusalém desencadeou a difusão da doutrina do cristianismo por rumos diferentes, pelas rotas comerciais existentes da época. Não tendo aceitação na própria cultura, os seguidores partiram para outras culturas, em um movimento que podemos denominar *Igreja em saída*. O processo de levar a proposta de Jesus, iniciado por Paulo já na década de 40 d.C., com a expulsão de Antioquia levou à passagem da língua aramaica para a língua grega, e assim o cristianismo entrou em outros mundos culturais, especialmente no mundo helenista.

O mundo helenista logo tomou forma e consistência graças ao desenvolvimento de uma teologia bem formada e fundamentada no pensamento grego. Logo, podemos observar quatro vertentes na difusão do cristianismo: (1) a primeira vertente seguiu para Roma e foi o caminho escolhido por Pedro e Paulo, passando pela Turquia e pela Grécia; (2) a segunda vertente, apoiada pela maioria dos apóstolos, rumou para a Ásia Menor e posteriormente para o Leste Europeu e a Rússia; (3) a terceira vertente seguiu para o norte da África, o mundo mediterrâneo, chegando até Marrocos e mais tarde ocupando Portugal e Espanha; (4) a quarta e última vertente tomou o caminho do extremo Oriente, escolhido por São Tomé, que trilhou o caminho das especiarias, e Bartolomeu, que buscou o caminho da seda (Andrade, 2019).

Durante três séculos e nos séculos posteriores a esses, o cristianismo elaborou e assumiu características específicas: teologia grega; estrutura romana; expressão litúrgica europeia. Esses pilares se tornaram parte central da tradição cristã ocidental dos séculos posteriores. A tradição cristã tornou-se a religião do Estado da Armênia no ano 301 d.C.; da Etiópia em 325 d.C.; da Georgia em 337 d.C.; do Império Romano em 380 d.C. Gradativamente, o cristianismo, que já estava na região do Mediterrâneo, tornou-se religião oficial, ocupando o espaço no coração do Império Romano.

Com a conversão do imperador Constantino ao cristianismo, todo o Império Romano se cristianizou no século IV, e o cristianismo também se romanizou enormemente. Até então, o cristianismo vivia nas catacumbas, locais onde eram celebrados todos os atos religiosos e se aprendia a catequese preliminar. Na nova circunstância histórica, transformou-se da religião da submissão na religião da dominação. Houve a emergência de um papado soberano.

Em uma perspectiva mais ampla, se o cristianismo contribuiu para fazer da Europa o que ela é, a Europa igualmente contribuiu para fazer do cristianismo o que ele é (Maalouf, 2011). A atitude de superioridade do conteúdo e a consequente elaboração do poder dominante em todas as esferas no transcorrer dos séculos são as possíveis causas das divisões do próprio cristianismo, com o arianismo e o nestorianismo e, mais tarde, com o Cisma e a Reforma Protestante.

5.3 Primeiras divergências no cristianismo

As divergências no cristianismo se iniciaram quando a Igreja de Roma começou a organizar e comandar a atividade missionária e evangelizadora. Além disso, o papado de cunho mais administrativo dominou as formulações dos dogmas e das doutrinas. As Igrejas da Ásia Menor tinham seu próprio modo de compreender e desenvolver o conteúdo. Dessa fricção, portanto, surgiram duas correntes: arianismo e nestorianismo.

O **arianismo** vem de *Arius*, ou *Ário*, um padre e professor cristão de Alexandria do início do século IV que afirmava que Jesus era somente humano, com essência intermediária entre o divino e o humano, sem dar aval para a existência da Santíssima Trindade. Assim, o arianismo seria a crença de que Jesus era um ser profundamente humano, mas com qualidades do divino. Essa corrente pregava a existência de um único Deus, portanto, Jesus era visto como filho de Deus. No século IV, a Igreja ainda estava construindo conceitos doutrinais e dogmas, e os mais importantes foram a Santíssima Trindade e o mistério do Deus uno e trino ao mesmo tempo.

A doutrina de Arius foi considerada heresia por Santo Atanásio de Alexandria, que defendia a divindade de Jesus. Arius foi condenado no Concílio de Niceia, surgindo, assim, a primeira divisão na Igreja.

O **nestorionismo**, por sua vez, foi elaborado por Nestório, um monge da Síria, que, quando se tornou patriarca de Constantinopla, apresentou divergências entre a humanidade e a divindade de Cristo com certas argumentações. Os argumentos de Nestório eram contra o nascimento de Deus, popularmente intitulado como *Theotokos*, para a Virgem Maria. Por ser representante da escola de Antioquia, objetou a mistura das naturezas humana e divina de Cristo, afirmando que Maria não deu à luz ao Cristo com a natureza divina. Para Maria, a palavra veio, mas não nasceu dela, assim Nestório mudou o termo de *Theotokos* para *Christotokos*, atribuindo características humanas a Cristo.

A denúncia de Nestório sobre Theotokos caiu sob a suspeita de muitos teólogos, quando Cirilo de Alexandria apresentou argumentos sólidos contra a posição de Nestório. A disputa entre Nestório e Cirilo, centrada na relação entre as duas naturezas de Cristo, representa a divergência entre as duas maiores escolas da cristologia antiga, Antioquia e Alexandria. São Cirilo defendia a redução das naturezas humanas e divinas de Cristo, e Nestório considerava Cristo como duas pessoas, uma humana e outra divina.

No ano 431 d.C., no Concílio de Éfeso, Nestório foi condenado, mas seus seguidores, posteriormente, constituíram uma Igreja, que veio a ser conhecida como *nestorianismo* e que permaneceu muito tempo no mundo persa; foi responsável pela evangelização de parte do Oriente Médio e da Índia.

5.4 Cisma do Oriente

Ocorrido em 1054, foi a primeira grande ruptura no cristianismo, quando as Igrejas Oriental e Ocidental desenvolveram seus próprios caminhos teológicos e espirituais.

A Igreja Ocidental, com seu centro em Roma, havia se tornado dominante tanto no poder espiritual quanto no poder político em quase toda a Europa. Por volta do ano 1000 d.C., a Europa adquiriu a identidade cristã.

Já a Igreja Oriental, com seu centro em Constantinopla, considerava que Roma havia se afastado das pregações originais de Jesus. Essa atitude foi o ponto de partida para o surgimento da Igreja Ortodoxa ou Igreja do Oriente, separando-se definitivamente da Igreja de Roma.

Com agravamento dos atritos internos entre Constantinopla e Roma, o patriarca Miguel Cerulário de Constantinopla foi excomungado pelo papa de Roma. Com essa decisão, Cerulário proclamou a separação oficial entre as duas Igrejas. Nesse sentido, podemos dizer que o Cisma foi o resultado de um constante distanciamento entre as práticas cristãs das duas vertentes do cristianismo, além de representar uma disputa pelo poder político e econômico na região mediterrânica.

A divisão entre Roma e Constantinopla resultou em um afastamento entre a concepção doutrinária dos dois "pulmões" do cristianismo da época. O pulmão oriental viu como heréticas algumas práticas religiosas desenvolvidas pela Igreja de Constantinopla. Eram as práticas dos monofisistas e dos iconoclastas. O grupo de monofisistas tinham uma crença de que Jesus era totalmente de natureza divina, enviado do Divino; ao mesmo tempo, não acreditavam na Santíssima Trindade. Já o grupo de iconoclastas era contra a adoração das imagens, afirmando a percepção religiosa de caráter somente espiritual, o que ainda era distante do cristianismo romano.

No decorrer dos séculos, essas diferenças foram se acentuando, gerando uma crise de autoridade sobre a verdade da crença cristã. O imperador bizantino não reconheceu a autoridade da Igreja de Roma, declarando-se independente de qualquer relação com esta. Assim, as relações foram amargas, com mútuas condenações, em um processo que durou mil anos, até que houve o perdão mútuo no Concílio de Vaticano II, o qual tirou as excomunhões.

5.5 Reforma Protestante

É fundamental conhecer o contexto do surgimento da Reforma Protestante. No século XVI, vivia-se o auge de movimentação na Europa. A queda de Constantinopla, em 1453, levou os reinados a buscar novos caminhos para as Índias e outros mundos de comércio. A Igreja romana também se encontrava com alta corrupção e buscava dinheiro para construções de estruturas. Contudo, alguns membros da Igreja, principalmente os religiosos descontentes com a situação real e espiritual, deram origem à ideia da Reforma Protestante.

O fenômeno da reforma apareceu no cenário da Igreja como um protesto interno de um monge agostiniano, Martinho Lutero, no início do século XVI, o qual abraçava as ideias dos pré-reformadores. Lutero começou a pregar contra as indulgências e a promover as 95 teses na porta da Catedral de Wittenberg, na

Alemanha. Isso parece ter sido um convite aberto à discussão eclesiástica, que propôs uma reforma no catolicismo romano. Assim deu-se início à Reforma Protestante. Interessante notarmos que Lutero foi apoiado por vários religiosos e governantes na Europa, provocando uma revolução religiosa que mais tarde se espalhou por Suíça, França, Reino Unido e outros países.

Lutero, em suas 95 teses, lembra que a prática das indulgências era tradicional e significava o perdão por meio de castigos corporais impostos pela Igreja como sinal exterior da verdadeira contrição. Portanto, não havia relação com a salvação da alma e, menos ainda, com a liberação da alma do purgatório. As indulgências eram praticadas desde o século VII, e a prática da comutação do castigo corporal em penas pecuniárias estava em conformidade com as regras de perdão do direito romano. A venda de indulgências era uma prática legítima da Igreja, necessária para o processo da cristianização. No início do século XVI, o sistema das indulgências tornara-se uma grande rede de negócio, com uma quantidade enorme de dinheiro envolvida em interesses financeiros internacionais. Para a Cúria romana, a venda de indulgências era uma fonte de rendimentos regulares extraordinários.

5.6 Pentecostalismo

Mais uma ruptura no cristianismo, surgiu na virada do século XIX para o XX. Esse movimento é mais conhecido como *pentecostalismo*, porém, na Igreja Católica, também é conhecido como *renovação carismática*, que permaneceu na Igreja motivada por grupos pequenos. O movimento pentecostal é considerado pelos estudiosos da religião como o fenômeno revolucionário do século XX, e, nesse período da história, a humanidade buscava algo diferente na dimensão da fé.

Na história da Igreja, o pentecostalismo é um fenômeno de reavivamento que aconteceu em várias ocasiões diferentes, conforme as manifestações de Deus nas formas sobrenaturais. Indica o derramamento do Espírito Santo nos Estados Unidos, semelhante à manifestação apresentada nos Atos dos Apóstolos (Bíblia. Atos, 2002, 2: 1-4). A palavra *avivamento* vem do verbo *avivar*, que significa "despertar" ou "reanimar". No contexto da espiritualidade, quer dizer dar um novo vigor, uma nova esperança, como aconteceu no Pentecostes.

Paralelamente, no interior da Igreja Católica, buscava-se um novo ânimo para as atividades de evangelização. Na Europa, havia um desânimo geral em virtude das consequências das duas guerras mundiais. Assim, foi convocado o Concílio do Vaticano II, que recomendou um *aggiornamento*, ou rejuvenescimento, transformação, um novo modo de reafirmar a presença da Igreja nos tempos modernos. Essa ideia não necessariamente é a ideia de reavivamento dos pentecostais, mas compreende um novo jeito da Igreja nos tempos modernos ou uma adequação dos ensinamentos da Igreja aos tempos modernos.

Existe uma diferença na compreensão dos conceitos. *Aggiornamento* é, acima de tudo, a manifestação de Deus no meio do povo, por meio do Espírito Santo, com a finalidade de renovar, reavivar e despertar a Igreja sonolenta e acomodada para a sociedade moderna. No entanto, o entendimento dos pentecostais sobre o reavivamento é como a visitação do Espírito Santo, a exemplo do que aconteceu o Pentecostes, quando uma comunidade inteira toma consciência de Sua santa presença e é surpreendida por ela. É o cumprimento da promessa de Deus feita no Antigo Testamento (Bíblia. Joel, 2002, 2; Habacuque, 2002, 3: 2). É com base nessa visão que devemos interpretar o movimento pentecostal que se iniciou nos Estados Unidos e depois espalhou-se para diversos cantos do mundo, inclusive no Brasil.

Os pentecostais caracterizam a vinda do Espírito Santo como uma ruptura histórica eclesial. É um sinal de que as práticas espirituais não estão sendo cumpridas. Por isso, negam a continuidade da Igreja, como protestantes. Talvez o pentecostalismo seja o movimento que mais influencia as manifestações de religiosidade na atualidade. Nas últimas décadas, em muitos cantos do mundo, entre a maioria das Igrejas, a que mais cresce é de matriz pentecostal.

O pentecostalismo embasou-se nas doutrinas de John Wesley, o fundador do metodismo. Ele acreditava que o homem devia, após a justificação, dedicar-se à santificação. Dessa concepção se apropriaram os evangélicos e teólogos que faziam parte do movimento de santificação (*holiness*), também surgido nos Estados Unidos em meados do século XIX. Esse movimento separou-se dos metodistas carismáticos, distinguindo a conversão de santificação e denominando esta última de *batismo do Espírito Santo*. Entre 1880 e 1923, parecem ter surgido cerca de 200 denominações (grupos de oração) nos Estados Unidos que caracterizavam uma experiência com o batismo do Espírito Santo.

5.7 Sagrada Escritura e tradição eclesial

A relação entre a Sagrada Escritura e a tradição eclesial não pode ser deixada de fora de nossa análise. No decorrer dos séculos, houve uma luta perene da Igreja Católica pela primazia da Sagrada Escritura sobre a tradição eclesial. Podemos dizer que a Sagrada Escritura contém a verdade revelada por Deus, que culmina na encarnação de Jesus, e que a sagrada tradição é a via pela qual é possível conhecer as verdades reveladas. Além disso, a tradição também permite lidar com as práticas doutrinais.

Assim, existem duas fontes de revelação intimamente entrelaçadas. Não podemos separar a Sagrada Escritura e a sagrada tradição da Igreja, já que ambas brotam do único manancial divino, têm idêntico objetivo e tendem ao mesmo fim. A primeira fornece o conteúdo como referência espiritual, e a segunda aborda as práticas realizadas pela comunidade apostólica inspiradas na primeira. Portanto, as duas têm origem divina, mas o modo como comunicam as verdades são distintos.

Os teólogos como Hans Kung (1999, p. 67) afirmam que, para a vida da Igreja, a "Sagrada Escritura é mais acessível e prática, já que nela todos os fiéis podem encontrar num só livro – a Bíblia – as verdades de fé e costumes que Deus quis revelar ao seu povo, a fim de transmiti-las a todos os povos".

O mesmo autor aponta que "a exegese antiga e medieval pensava naturalmente que todas as verdades de fé e de costume da Igreja se encontravam na Bíblia, ao menos de maneira implícita" (Kung, 1999, p. 68).

Existe uma íntima relação entre a Sagrada Escritura e Sagrada Tradição, pois as duas são importantes para compreender o desenvolvimento da teologia. A Sagrada Tradição está disseminada em muitas e variadas obras. No entanto, sem perder suas diferenças e propriedades particulares, Escritura e Sagrada Tradição se unem e se fundem para construir um único depósito da Palavra de Deus. Por isso, as questões da fé e dos costumes sempre remetem à ligação com essas duas fontes.

A Constituição Dei Verbum, do Concílio do Vaticano II, n. 10, define que

> a sagrada Tradição, a sagrada Escritura e o magistério da Igreja, segundo o sapientíssimo desígnio de Deus, de tal maneira se unem e se associam que um sem os outros não se mantém, e todos juntos, cada um a seu modo, sob a acção do mesmo Espírito Santo, contribuem eficazmente para a salvação das almas.

O papel do magistério é mostrar e afirmar as verdades provenientes da Sagrada Escritura e da Tradição, e existe uma unidade entre as duas. A centralidade na pessoa de Jesus, o Verbo Encarnado, constitui-se na verdadeira Palavra de Deus enviada para a humanidade, e Ele é a plenitude da revelação. Dessa fonte emanam a Sagrada Escritura e a Sagrada Tradição. Portanto, percebemos que é impossível conceber uma Escritura independente da Sagrada Tradição, ou uma Sagrada Tradição independente da Escritura. Sempre deve existir uma comunhão entre ambas, pois elas formam a vida da Igreja.

5.8 Ciências da religião e cristianismo

Na relação entre as ciências da religião e o cristianismo, precisamos fazer uma análise com a perspectiva mais ampla para entender a revelação divina. Como diz Knitter (2010, p. 58-59):

> Precisamente, O Mistério foi revelado em Jesus, não removido ou dissolvido, Suspeito que o discurso cristão da encarnação como "Deus em forma humana" ou o "cumprimento" do Mistério num ser histórico, tende mais a violar o sentido da encarnação do que a preservá-lo. Dizer que tudo da pessoa de Jesus é divinizado não significa que tudo da divindade é humanizado.

O papel das ciências da religião é disseminar que o mistério de Deus não pode ser possuído por qualquer religião, revelação ou salvador. Esse mistério não é simplesmente um, mas pertence a todas as religiões. Um exemplo concreto disso é a afirmação do filósofo indiano Radhakrishnan (1971, p. 43, tradução nossa): "não é justo para Deus ou para o homem a assumir que um povo é escolhido por Deus e a sua religião ocupa um lugar central e importante no desenvolvimento espiritual da humanidade, e que outros têm de emprestar deles ou sofrer uma destituição espiritual".

Assim, compreender e aceitar verdadeiramente a realidade da encarnação em Jesus significa reconhecer que Deus não pode ser limitado a Jesus, embora seja verdadeiramente acessível em Jesus, mas está além de Jesus. Como aponta Schillebeeckx (1990, p. 184, tradução nossa):

> A revelação de Deus em Jesus, como proclama o Evangelho cristão, não significa que Deus torna absoluta uma particularidade histórica (seja mesmo Jesus de Nazaré). Com essa revelação em Jesus, aprendemos que nenhuma particularidade histórica pode ser chamada de absoluta e que, portanto, pela relatividade presente em Jesus, cada pessoa pode encontrar Deus além de Jesus, especialmente em nossa história mundial e em muitas religiões que têm surgido dela.

Nesse ponto, encontramos a contribuição das ciências da religião para ampliar o entendimento da revelação do cristianismo e, desse modo, levar a discussão ao campo acadêmico.

Síntese

Neste quinto capítulo, apontamos que o cristianismo teve origem como movimento no interior da tradição judaica, iniciado por Jesus de Nazaré. Analisamos a vida e a proposta de Jesus segundo o contexto histórico da época.

Também apresentamos as três razões para o processo da difusão do cristianismo: destruição do templo, expulsão de Antioquia e, finalmente, a conversão do imperador Constantino. No transcurso dos séculos, a Igreja passou por diversas crises internas que deram origem às divergências, ao Cisma do Oriente, à Reforma Protestante e ao pentecostalismo.

Tratamos, ainda, da importância da escritura, da tradição e do magistério, que sustentam e dão continuidade ao cristianismo. Relacionamos, por fim, ciências da religião e cristianismo, para abrir a possibilidade de analisarmos essa tradição na perspectiva da ciência.

INDICAÇÕES CULTURAIS

TV BRASIL. **Ciência vs religião**. 31 ago. 2011. Disponível em: <https://www.youtube.com/watch?v=uz1IsjLhHpc>. Acesso em: 24 jul. 2022.
Este vídeo traz diálogos entre especialistas, que falam da relação entre religião e ciência. Material importante para percebermos a crise que existe entre esses dois saberes.

ATIVIDADES DE AUTOAVALIAÇÃO

1. Assinale a afirmação correta sobre a origem do cristianismo:
   A) Teve origem como um movimento protestante do judaísmo liderado por Jesus.
   B) Nasceu como um movimento liderado por líder samaritano.
   C) Foi fundado por João Batista, pois Jesus nunca protestou contra alguém.
   D) Teve origem na tradição independente provavelmente dos canonitas.
   E) Originou-se na heresia do Arius.

2. As primeiras divergências que ocorreram no cristianismo foram:
   A) Reforma Protestante e Cisma do Oriente.
   B) arianismo e nestorianismo.
   C) pentecostalismo e Reforma Protestante.
   D) pentecostalismo e Concílio do Vaticano II.
   E) movimentos pentecostais.

3. Assinale a alternativa correta sobre a Reforma Protestante:
   A) Foi um protesto interno do monge agostiniano São Cipriano no início do século XVI.
   B) Foi um protesto interno do monge agostiniano Martinho Lutero no início do século XVI, que começou a pregar contra as indulgências e pendurou as 95 teses na porta da Catedral de Wittenberg, na Alemanha, no ano 1517.
   C) Foi um protesto interno do monge agostiniano Martinho Lutero no início do século XVI, que começou a pregar contra a propagação da fé da Igreja.
   D) Foi um protesto interno do monge agostiniano Martinho Lutero no início do século XVI, que começou a pregar contra as indulgências e pendurou as 195 teses na porta da Catedral de Wittenberg, na Alemanha, no ano 1517.
   E) Foi um movimento para desviar a atenção dos religiosos da época.

4. A difusão do cristianismo decorre de três fatos distintos. Quais são eles?
   A) Destruição do templo em 120 d.C., expulsão dos seguidores de Jesus de Antoiquia em 85 d.C. e conversão do imperador Constantino em 313 d.C.
   B) Construção do Templo de Jerusalém por Salomão em 930 a.C., expulsão dos seguidores de Jesus de Antoiquia em 85 d.C. e conversão do imperador Constantino em 313 d.C.
   C) Destruição do templo no ano 70, expulsão dos seguidores de Jesus de Antoiquia em 85 d.C. e conversão do imperador Constantino em 313 d.C.
   D) Destruição do templo no ano 70, expulsão dos árabes de Antoiquia em 85 d.C. e conversão do imperador Constantino em 313 d.C.
   E) Destruição do templo, guerra dos Macabeus e conversão do Constantino.

5. Há uma fricção constante desencadeada pela primazia da Sagrada Escritura sobre a Sagrada Tradição. O papel das duas é:

   A] A Sagrada Escritura contém toda a verdade revelada por Deus, que culmina na encarnação de Jesus. A Sagrada Tradição é a via pela qual é possível conhecer as verdades reveladas.

   B] A Sagrada Escritura contém toda a verdade revelada por Deus, que culmina na encarnação de Jesus. A Sagrada Tradição tem controle sobre todas as verdades reveladas e não reveladas.

   C] A Sagrada Escritura contém verdades, mas não toda a verdade. A Sagrada Tradição se preocupa com os ritos cotidianos.

   D] A Sagrada Escritura não contém toda a verdade, mas aquela inventada pelos seres humanos. A Sagrada Tradição é mais importante.

   E] A Sagrada Escritura é fundamental para elaborar as questões de Deus. A Sagrada Tradição se preocupa com as pessoas.

ATIVIDADES DE APRENDIZAGEM

Questões para reflexão

1. Pesquise sobre o Cisma do Oriente e registre suas causas. Analise esse evento sob a perspectiva das ciências da religião.

2. Quais foram os motivos do surgimento do pentecostalismo? Como esse fenômeno se apresenta na sociedade brasileira atual? Qual é a análise dos cientistas de religião sobre o pentecostalismo no Brasil?

Atividade aplicada: prática

1. Entreviste um especialista sobre os novos fenômenos religiosos da tradição cristã. Depois, registre sucintamente as conclusões da entrevista.

O PAPEL DA PLURALIDADE RELIGIOSA NA FORMAÇÃO SOCIOCULTURAL DO BRASIL

A história da cultura ocidental costuma ser dividida em períodos, tais como o Período Clássico Grego, o Período Medieval, o Período Iluminista ou Renascença e o Período Moderno. A Modernidade é marcada pela formação dos Estados Republicanos/Democráticos, pelo advento da tecnologia e da ciência empírica, pela ascensão do capitalismo e pela Revolução Industrial, entre outros eventos. Com eles, temos o desenvolvimento de identidades culturais ligadas à ideia de país, Estado, nação e, por consequência, de religião. Enquanto a Europa vivia a Reforma Protestante e a Revolução Industrial, a América, a África e a Ásia passavam pelo processo de colonização tanto territorial quanto religiosa.

Nesse contexto, podemos dizer que, no tempo de modernidade e globalização, o pluralismo religioso e um hibridismo cultural influenciaram determinantemente a formação da identidade brasileira, a qual também se encontra vinculada à colonização, à diáspora dos africanos e a outras migrações posteriores da Europa, do Oriente Médio e do Japão.

A análise da identidade brasileira requer que levemos em conta alguns aspectos fundamentais, como aponta Bittencourt (2013, p. 124-125):

> Acerca da formação da ideia de uma nação brasileira, considerada em seus diversos aspectos – históricos, sociais, geográficos, culturais, religiosos, econômicos, ideológicos ou políticos – podem ser fornecidas as mais diversas considerações sociológicas, históricas, antropológicas ou filosóficas, de modo que, de acordo com a visão de mundo de seus intérpretes, se demonstrava uma compreensão fragmentária, preconceituosa e parcial de nossa ideia de formação cultural de nossa realidade social, bem como, em circunstâncias mais favoráveis, um posicionamento mais crítico, compreensivo e abrangente acerca das múltiplas problemáticas referentes ao Brasil.

Dessa maneira, podemos dizer que a identidade brasileira é a questão principal dos estudos de ciências sociais. O Brasil tem uma diversidade em todos os campos. Portanto, é um terreno adequado para estudos antropológicos, sociológicos e culturais, assim como étnicos, geográficos e religiosos.

No campo religioso, a pesquisa se torna muito mais complexa porque a religiosidade brasileira é composta de elementos de quatro matrizes principais. É um desafio mapear a ideia geral do movimento das religiões e das religiosidades e a forma como os fenômenos religiosos entram nos contextos culturais e transformam as religiões em híbridas, trazendo uma nova identidade sociocultural e religiosa brasileira.

Neste capítulo, buscaremos mapear as múltiplas pluralidades do Brasil, sejam elas geográficas, culturais, étnicas e religiosas, além da pluralidade ateísta e irreligiosa. Pretendemos apresentar também a cultura híbrida, que deu origem a uma nova identidade sociocultural brasileira como resultado da globalização. Abordaremos, ainda, o papel das ciências da religião nessa nova realidade.

6.1 Mapeamento da pluralidade do Brasil

O povo do Brasil é formado por um processo de mestiçagem, desde a sua origem até a atualidade. Conforme Mariano (2008, p. 109), "A cultura é algo peculiarmente humano, ou seja, só faz sentido falar em cultura quando lidamos com fenômenos e acontecimentos da vida humana". O mesmo autor advoga que o ser humano se realiza na cultura, ela é constitutiva da vida humana. No entanto, nem tudo pode ser reduzido à questão cultural, pois nem toda prática social é uma prática cultural.

Existe uma íntima ligação entre cultura e religião, e essa relação pode ser vista de modos diferentes. Muitos estudiosos, como Geertz (1989), consideram que cultura e religião são formas distintas de se relacionar com outras pessoas ou com o transcendente. A cultura e a religião entrelaçam-se intimamente e se tornam unidade.

Como sugere Mariano (2007), ao falarmos em identidades culturais, devemos levar em conta categorias como raça/etnia, classe social, gênero, religião, entre outras, pois identidade é pertencimento, pertencimento cultural. Além disso, devemos considerar as subcategorias que compõem a cultura.

6.2 Pluralidade geográfica

Apresentar a diversidade geográfica é fascinante pela variedade de fenômenos naturais, como aspectos de clima, vegetação, relevo e outros. Sabemos que o território brasileiro é o quinto maior do mundo e que cada região apresenta uma imensa variedade climática e biodiversidade. Além disso, temos as maiores bacias hidrográficas do globo terrestre. Essa diversidade brasileira pode ser dividida em cinco regiões ao redor do imenso oceano Atlântico: Norte, Nordeste, Centro-Oeste, Sudeste e Sul, as quais têm modos específicos de lidar com as atividades cotidianas, inclusive no campo da religião.

Na região Norte, encontramos a bacia Amazônica, com as florestas densas e clima úmido com temperaturas elevadas. Há imensa biodiversidade, e uma preocupação atual é a exploração dessas terras sem regras.

A região Nordeste, além da costa litorânea, compreende algumas áreas como a zona da mata, o agreste e o sertão, onde o clima é semiárido e a vegetação é resistente ao calor.

A região Centro-Oeste é pantanosa, com clima semiúmido e chuvas fortes em determinadas épocas. A vegetação é o cerrado. Nos tempos atuais, a agropecuária compõe a maior parte da economia local, especialmente a produção de soja, milho, café e carne bovina.

A região Sudeste apresenta clima típico, tropical, mas nos planaltos sofre constantes variações nas altitudes. "A vegetação dominante é a de Mata Atlântica e Cerrado, entretanto devastadas pela grande concentração industrial, comercial e a urbanização" (Santos, T., 2018).

Finalmente, a região Sul tem clima subtropical, o mais frio de todo território nacional. "A economia funciona de acordo com atividades agrícolas, destacando-se a criação de porcos, gado, produção de soja, milho e feijão, além da indústria metalúrgica, têxtil e a automobilística" (Santos, T., 2018).

Sobre diversidade geográfica, vejamos a narração de Amaladoss (1997, p. 106) da tradição tamil do sul da Índia:

> Toda a terra encontrava-se dividida em cinco regiões: a montanha, a floresta, os campos férteis, a região costeira e o deserto árido. Cada tipo de terreno sustentava um modo de vida particular, um modo próprio de sobrevivência, uma fauna e flora características. Condicionava também o modo como as pessoas vivenciavam a experiência da vida e o tipo de emoções que expressavam. Partindo

dessas contingências, cada região elabora um universo cultural que favorece um gênero especial de relação amorosa, um estilo musical particular, e até mesmo é protegida por uma deidade especial. Por exemplo: as montanhas promovem a união entre os amantes; as regiões florestais encorajam a vida em comunidade, os campos férteis fornecem ao mesmo tempo o contexto para a infidelidade e para o enfado, a região costeira evoca a separação do amante distante, e o deserto aponta para as dificuldades encontradas pelos casais em fuga, separados de seus pais.

Essa elaborada superestrutura cultural deve ter sido baseada em uma aguda sensibilidade com o liame entre geografia e vida humana, e a religiosidade brasileira se encontra no âmbito dessa sensibilidade.

6.3 Pluralidade cultural

A pesquisa sobre religião e religiosidade é realizada sob um guarda-chuva: a própria cultura. *Cultura* é um dos conceitos básicos nas ciências sociais e pode ser definido de diferentes formas. Antropólogos, por exemplo, afirmam que a cultura é um fator que distingue o ser humano do animal; é o conjunto de ações sociais de um grupo humano, e cada grupo tem sua própria cultura, ou seja, crenças, técnicas, costumes, valores, padrões e comportamentos específicos.

O teólogo Brighenti (1998) apresenta o tema de forma brilhante, que contempla todas as esferas da sociedade. Ele define *cultura* como "estilo ou programa de vida comum de um povo ou de um grupo social, tomando em sua complexidade exterior e em sua unidade interior, composto de símbolos e significados, do imaginário político-religioso, da organização social, do trabalho material e espiritual" (Brighenti, 1998, p. 103).

Descobertas arqueológicas e paleontológicas mostram que houve etapas sequenciais na evolução da cultura, com três estágios específicos: (1) selvageria, quando as populações se organizavam em clãs coletores; (2) nomadismo, com a atividade da caça e o movimento; (3) por fim, agricultura e atividade pastoril. Mais tarde, a afixação geográfica ou sedentarismo deu a origem ao industrialismo, que, por sua vez, fez nascer as cidades, gerando a possibilidade de desenvolvimentos culturais específicos conforme cada região.

A compreensão clássica da cultura remete ao mundo de artes e ideias. Em 1869, Matthew Arnold publicou a obra *Culture and anarchy* (*Cultura e anarquia*, em tradução livre), em que argumentava que a cultura significava a busca da perfeição, o que requeria uma condição interna da mente e do espírito. A cultura é apontada, aí, como a expressão máxima da visão e do valor humanos. Limitar essa percepção depende do observador: Quem, afinal, decide o que é o melhor ou o mais alto? Obviamente, aqueles que se consideram cultos, pois eles assumem a escala e o monopólio do conceito da cultura.

Outros estudiosos, como Krober e Kluckhohn, apontam mais de 150 definições da cultura. Para eles,

> a cultura consiste em padrões, explícitos e implícitos, para o comportamento adquirido e transmitido por símbolos, constituindo as conquistas distintas dos grupos humanos, incluindo suas personificações em artefatos; o núcleo essencial da cultura consiste em ideias tradicionais e especialmente em seus valores anexados; os sistemas de cultura podem, por um lado, ser considerados como produtos de ação e, por outro, como elementos condicionantes de outra ação.(Kroeber; Kluckhohn, 1952, p. 181, tradução nossa)

A noção é de que as obras "clássicas" determinam os valores permanentes nas mudanças históricas. Essa ideia dominou o contexto da educação dos países ocidentais por muito tempo.

6.4 Pluralidade étnica e religiosa

O Brasil é um país religioso e apresenta diversas religiosidades. Conforme os estudos realizados em seu doutorado sobre os indígenas de Quatro Barras (PR), o pesquisador Eloi Santos (2018) aponta que, na formação da religiosidade brasileira, nossos pressupostos não se definem pela divisão entre norte, sul, leste e oeste, ou ainda pela análise da gênese geográfica de cada religião, mas sim pelo próprio território brasileiro e suas genealogias religiosas. Isso se justifica pelo fato de que os livros de história das religiões têm caráter etnocêntrico acentuado, tratando as religiões menos hegemônicas como menores, supersticiosas, alegóricas ou, ainda, relegando um espaço inferior para aquelas consideradas religiões selvagens, primitivas ou mitológicas.

De acordo com Santos, E. (2018, p. 66), o tema das matrizes religiosas brasileiras surgiu da necessidade de entender "as principais bases e origens daquilo que vem a ser o âmago do processo de construção da espiritualidade do povo e da cultura brasileira, como forma de subsidiar o trabalho na disciplina de Ensino Religioso". Existem quatro matrizes principais da religiosidade do Brasil, que, no decorrer dos séculos, formaram a identidade religiosa do país: indígena, cristã, africana e oriental. Vejamos cada uma delas a seguir.

6.4.1 Matriz indígena

Os indígenas, por serem os povos mais antigos desta terra, construíram a primeira matriz religiosa no Brasil. Existem evidências da presença dos indígenas há cerca de doze mil anos. Eles desenvolveram cosmovisões específicas das religiosidades voltadas mais para a natureza, para a manutenção do equilíbrio com as regras da natureza.

Mas de onde vieram os indígenas para as Américas? Há diversas teorias, mas acredita-se que eles tenham vindo da Ásia, cruzando o canal de Bering, por volta de 30 a 15 mil anos atrás. Na América Latina, desenvolveram uma cosmovisão específica no processo de adaptação. Para os indígenas, a natureza é exclusivamente "natural", ou seja, está carregada de valor religioso e, assim, estar em sintonia com ela é a base de sua cosmovisão. O mundo apresenta-se de tal maneira que, contemplando-o, é possível descobrir os múltiplos modos do sagrado. Os ditos e feitos dos indígenas e seu modo de vida, suas reuniões, encontram-se ligados aos espíritos da natureza, que eles chamam de *pachamama*, e essa relação determina a vida espiritual.

As diversas tribos existentes no Brasil apresentam sistema religioso bastante complexo, e cada região tem uma característica peculiar. Por exemplo, alguns antropólogos e historiadores citam, no caso da tribo tupi-guarani, o trabalho de Xamã, ou líder indígena, visto como homem-médico, feiticeiro ou mago. Essa ideia é aplicada a outras tribos para designar determinados indivíduos dotados de prestígio mágico-religioso e reconhecidos em todas as sociedades primitivas.

Por fim, sobre a cultura e a religiosidade indígena, diferentemente da cultura e da religião ocidentais, os povos nativos não separam racionalidade de religiosidade e complexo cultural.

6.4.2 Matriz cristã

Introduzido no tempo da colonização, o cristianismo era uma religião dominante na Europa nessa época, principalmente o catolicismo e algumas variantes protestantes. Uma vez que a rota para a Ásia via Constantinopla foi bloqueada pelos turcos em 1453, novos caminhos foram descobertos via oceanos para as Índias. Assim, com os processos de colonização, a religião foi levada para além dos oceanos, aos diversos continentes, assim como ao Brasil. A modalidade de viver, crer e celebrar a religião cristã foi elaborada na Europa no contexto da paróquia, da vida religiosa consagrada e da vida nos mosteiros. Havia mecanismos específicos para administrar sacramentos e atendimentos das famílias, assim como uma estrutura muito organizada para a difusão da doutrina. Em um primeiro momento, o cristianismo foi introduzido pelos portugueses e, posteriormente, com a imigração dos europeus ao Brasil, estabeleceu-se de modo radical, elaborando ritos, religiosidades e outras manifestações religiosas.

Por fim, podemos observar que, desde a primeira missa feita em solo brasileiro até os dias atuais, a influência do catolicismo permeia tanto a religiosidade brasileira quanto nossa cultura e o sincretismo com outras religiões, como a umbanda e o espiritismo.

6.4.3 Matriz africana

Sua origem também se encontra no processo da colonização, mas no contexto da diáspora – deslocamento das populações africanas para servirem como mão de obra barata para os colonizadores. Em torno de quatro milhões de negros foram trazidos para as Américas, inclusive ao Brasil. No transcurso dos séculos, essas populações preservaram suas tradições nativas africanas, e, em alguns casos, tais tradições foram modificadas, criando-se novas tradições religiosas no Brasil.

As religiões de matriz africana mais conhecidas e também discriminadas são o candomblé e a umbanda; há outras menos conhecidas, como o ioruba, o batuque, o catimbó. Embora essas religiões tenham suas raízes na África, foram desenvolvidas no

Brasil e surgiram por sincretismo religioso. São religiões ligadas à ancestralidade, ao culto aos antepassados e à natureza. Atualmente, são praticadas por pessoas de diversas etnias; tornaram-se uma escolha religiosa, e não necessariamente uma religião de negros. O conhecimento sobre essas religiões pode ser um importante fator para a superação dos preconceitos e da discriminação.

A umbanda é a religião mais brasileira de todas, isso porque comunga elementos do cristianismo, do espiritismo, do candomblé e do xamanismo indígena, além de elementos dos movimentos exotéricos e de filosofias de vida orientais. Então, podemos dizer que a umbanda, mesmo sendo considerada uma religião de matriz africana, também é uma religião formada por um hibridismo cultural. A história da umbanda teve início em 1891, quando Zélio Fernandino de Moraes, então com 17 anos, começou a falar com sotaque e tom diferente, ao ponto de ser levado ao psiquiatra. Seu pai, apesar de não ser espírita, levou-o para um centro espírita kardecista e lá Zélio incorporou o caboclo das sete encruzilhadas – que não faz parte da religião kardecista. Em 16 de novembro de 1908, foi fundado o primeiro terreiro de umbanda do país, no subúrbio de Niterói.

Já o candomblé originou-se principalmente no estado de Bahia, mas está presente também em outros estados brasileiros. É uma religião de tradição oral, preservada por lendas, histórias e fatos. *Candomblé* significa *cantar e dançar em louvor*. É um símbolo da resistência dos negros contra a escravidão no Brasil. A tradição não considera a reencarnação, mas a ancestralidade sim, pois os ancestrais vêm dar os recados. Entre os ritos afro-brasileiros, os cultos oriundos da cultura ioruba, principalmente da Nigéria, conseguiram preservar suas características, especialmente sua religiosidade e cosmovisão.

Existem três focos distintos na elaboração da doutrina no candomblé: os mitos sobre a origem dos deuses; o universo cosmológico; a origem do mundo. Também a tradição inclui um universo intermediário entre os deuses e humanos, o mundo dos orixás. Os orixás são espíritos da natureza ou dos antepassados que ajudam superar as imperfeições para preservar o equilíbrio entre os seres divinos e humanos.

6.4.4 Matriz oriental

Também oriunda das migrações, tanto do Oriente Médio quanto do Extremo Oriente. Os japoneses chegaram ao Brasil já no início do século XX, trazendo suas religiões, principalmente o budismo e o xintoísmo, e mais tarde as correntes indianas e chinesas, as quais encontraram o terreno fértil no Brasil para seu desenvolvimento.

Nas religiões orientais, é comum uma pessoa adotar vários conjuntos de crenças, como xintoísmo, confucionismo e taoismo ao mesmo tempo. Elas são comumente classificadas como filosofias de vida, e não religiões. O budismo teria chegado na região indígena dos tupiniquins já no início do século XX, a qual tem uma estrutura adequada e, numericamente, é considerada a maior entre as religiões orientais no Brasil.

O universo dessas religiões é muito complexo. Ele abrange um período extenso de muitos séculos; em alguns casos, a formação do seu conteúdo religioso durou cerca de 1.500 anos. Mais difícil ainda é analisar o conteúdo religioso e as formas como essas tradições migraram para o Brasil. A cultura oriental circular é sustentada pelas grandes tradições religiosas, que por vezes nos conduzem por caminhos estranhos, com uma íntima relação entre cultura e religião.

6.5 Pluralidade híbrida

Com a globalização acelerada, o hibridismo cultural tornou-se um dos temas mais discutidos entre os antropólogos no campo acadêmico em todo o mundo. Há muitos fatores para isso, e as migrações, em seus diferentes modelos, e as diásporas recentes são dois deles. Há também a influência da pós-modernidade, quando ocorre uma fragmentação do que antes era entendido como uma cultura pública singular. O avanço tecnológico nas viagens é outro fator, pois permite que mais pessoas experimentem outras culturas, juntamente à explosão das tecnologias digitais e das mídias sociais, as quais possibilitam que pessoas de diferentes partes do mundo formem comunidades no ciberespaço sem sair de suas próprias casas. Esses e muitos outros fatores contribuíram para a urgência de se apropriar de uma compreensão e de uma prática mais claras do hibridismo cultural no mundo.

A globalização teve e tem um impacto poderoso na coexistência humana, algo que também desafia a possibilidade e a capacidade de se criar uma nova ordem: uma crescente interdependência que lança luzes sobre muitas das disparidades de alteridade. Diante do contato e da mobilidade, as fronteiras físicas vão se enfraquecendo – em alguns países, a aceitação disso é maior; em outros, há mais resistências. Fato é que o movimento de pessoas não vai parar mais: elas circulam dentro do próprio país, de um país a outro, de um continente a outro, por razões múltiplas. Esse fluxo acelerado de pessoas e de comunicação reduziu distâncias físicas e psicológicas, criando uma aproximação inédita: a cultura do vale, do campo, da cidade, das nações do mesmo continente e das populações de continentes diferentes.

Em termos civilizatórios, essa "globalização absoluta" é um fenômeno muito recente. Basta pensar, por exemplo, que todas as tecnologias que permitiram o contato rápido entre regiões distantes, como as ferrovias, o telégrafo, o avião, o rádio, a tevê, o cinema, o satélite e a internet, surgiram há não mais do que 150 anos. Isso representa algo como 3% de uma história de mais de cinco mil anos. Aceleramos muito e rápido!

Esse movimento levanta, como nunca, a dimensão da presença do outro, a questão do outro, a relação com o outro. Também apresenta um desafio antropológico e ético que a sociedade contemporânea enfrenta hoje. A natureza de nossos tempos é expressa "essencialmente pelo problema das relações interpessoais que a filosofia contemporânea e as sociologias da integração abordam, deslocando o foco do indivíduo para a pessoa, de dentro de si para os outros, da subjetividade à intersubjetividade" (Lazar; Ueffing, 2015, p. 17, tradução nossa). Vivemos em uma aldeia global e coexistimos, todos, no contexto plural.

A modernidade trouxe a noção de identidade nacional e de nação. Mas os países latino-americanos que passaram pelo processo de colonização são produto de identidades híbridas – de um lado, temos a origem do colonizador e, de outro, os povos originários e os negros escravizados, formando aquilo que Canclini (2004) identifica como fenômeno da heterogeneidade multitemporal.

Neste tópico, optamos por tratar o fenômeno político/cultural de hibridismo em vez do processo intercultural e étnico de mestiçagem. Talvez porque a palavra *mestiço* carregue um forte caráter étnico/racial, sem englobar as fusões religiosas ou de movimentos simbólicos tradicionais. Essas fusões, que geram identidades híbridas, são fruto de uma crise de identidade, um processo de mudança que tem abalado as estruturas até então hegemônicas das sociedades modernas.

6.6 Pluralidade do ateísmo e das irreligiosidades

Quando tratamos de ateísmos e irreligiosidades, estamos apontando as novas tendências religiosas mundiais e do Brasil. Existem diversas pesquisas sobre novas modalidades de religiosidade e não religiosidades que se estão configurando na atual sociedade e na cultura brasileira e mundial. O objetivo de incluir a pluralidade do ateísmo e das irreligiosidades é apresentar os aspectos fundamentais da crise de identidade vivenciada pelos que se declaram sem religião e/ou sem Deus. Hoje, encontramos a dupla ou tripla pertença religiosa e também pessoas se posicionando pró ou contra a religião e, em consequência, pró ou contra a existência de Deus.

Denomina-se *ateísmo* o movimento de pessoas que não creem em nenhuma religião nem no sobrenatural. O ateísmo não é contra nada nem ninguém. Não devemos simplificar o fato de que, assim como existem diversas religiões, há vários tipos de ateísmo (Rodrigues, 2018). Podemos observar uma movimentação no campo religioso brasileiro, a qual se espelha nos recenseamentos nacionais organizados pelo Instituto Brasileiro de Geografia e Estatística (IBGE) de 2000 e 2010, que apresentam as tendências das irreligiosidades contemporâneos:

> A análise comparativa desses recenseamentos evidenciou duas tendências principais, aparentemente contraditórias, nas mobilidades hoje existentes no campo religioso brasileiro. De um lado, como já previam os sociólogos da religião, houve um aumento notável das Igrejas pentecostais e neopentecostais, cujo crescimentos atingiu entre os dois censos a notável cifra de 17 milhões de conversões. De outro lado – e aí se percebe uma tendência quase oposta – tiveram acentuado incremento os grupos dos "sem religião" e dos "ateus agnósticos". Os primeiros eram, em 2010, cerca de 15,3 milhões, ou seja, um pouco mais do que 8,15% do total da população brasileira. O grupo dos agnósticos e ateus era bem menor, perfazendo, respectivamente, 124 mil (0,075%) e 615 mil (0,32%) pessoas. (Valle, 2018, p. 11-12)

Na literatura sobre deslocamentos ou migrações de uma religião a outra, podemos perceber que esse êxodo ocorre mais fortemente entre pentecostais e neopentecostais. A Igreja Católica se tornou a maior doadora dos fiéis para outras tradições. Hoje, ainda existem poucos estudos sobre o distanciamento de brasileiros das religiões históricas e que passaram a se autodefinir como sem religião, agnósticos ou ateus. Contudo, essas são características das sociedades pós-tradicionais:

> [Nelas] os indivíduos tendem a se desencaixar de seus antigos laços [...]. Desencadeia-se nelas um processo de desfiliação em que pertenças sociais e culturais dos indivíduos, inclusive as religiosas, tornam-se opcionais, e, mais que isso, revisáveis, e os vínculos, quase só experimentais, de baixa consistência. Sofrem, fatalmente, com isso, claro, as religiões tradicionais. (Pierucci, citado por Valle, 2018, p. 12)

Entendemos que o ateísmo exalta o caráter maléfico social das religiões, centrando-se, prioritariamente, em um discurso contra as religiões majoritárias. Existem os movimentos ateístas que englobam não apenas os autores expressivos, mas também ateus anônimos que passaram a se organizar por meio de estratégias políticas e midiáticas. Como aponta Franco (2018, p. 26),

> os ateus contemporâneos organizam-se em grupos e associações, e muitos desses grupos possuem caráter político, como ATEA (Associação Brasileira de Ateus e Agnósticos). Os estudos [...] apontaram um empoderamento dos ateus na sociedade atual, a partir das possibilidades que a secularização e o Estado lácio trouxeram.

6.7 Ciências da religião e rumos acadêmicos no Brasil

Sobre as questões de diversidade sociocultural no mundo atual e especialmente no Brasil, podemos questionar: Qual é o papel das ciências da religião? Mariano (2007, p. 109) observa: "A configuração de um mundo cada vez mais globalizado, paradoxalmente, ao mesmo tempo que ressalta as particularidades de cada comunidade ou cultura, tem caminhado para uma utopia de homegeneização".

É nesse mundo complexo e antagônico que as universidades são convidadas a repensar suas configurações e estruturas curriculares, a fim de preparar alunos e professores para viverem e atuarem em um mundo de mudanças e incertezas. E essa diversidade nos leva a abordar o rumo da ciências da religião como disciplina.

O rumo hoje tomado pelas ciências da religião como disciplina acadêmica se deve à fundação da Universidade de São Paulo(USP), com a chegada de professores franceses como Lévi-Strauss e Roger Bastide. No entanto, o campo de estudo deles foi a sociologia da religião e a antropologia da religião, que, posteriormente, colocaram o Brasil no contexto internacional, especialmente na Europa. Nesse instante, podemos dizer que "se instaura, de fato, um núcleo de estudos mais específicos em Ciências da Religião. Mas a coisa não pára por aí. Se nós pesquisarmos um pouco a história dos seminários católicos no Brasil, chegamos a outros indícios de um tratamento mais científico à religião" (Marques; Rocha, 2007, p. 193).

Três fatores distintos devem ser vistos quanto aos rumos acadêmicos das ciências da religião como disciplina, de acordo com Marques e Rocha (2007):

1. **Fragmentação do estudo da religião**: um sociólogo estudava na perspectiva sociológica, um historiador em outro campo e um psicanalista tinha outro ponto de vista. Havia necessidade de unificar essas perspectivas. Além disso, existiam tradições universitárias de outros continentes, de outros países, relacionadas ao tema. Os modelos e as teorias de estudos originários

de outros países influenciaram um pouco o que se fazia no campo acadêmico no Brasil.

2. **Aglutinação de especialistas:** nenhuma disciplina ou cientista sozinho abrange todo o conteúdo. A pretensão da sociologia, de falar em nome de todo mundo, ou da teologia, se apresentada como dona do saber, não faz mais sentido. Existe, portanto, a intenção de reunir professores e pesquisadores de várias ciências em um esforço coletivo e uma espécie de diálogo. Logo, é necessária uma construção interdisciplinar com certo método específico.

3. **Evolução do fenômeno religioso brasileiro:** o Brasil teve a hegemonia católica por séculos; depois chegaram os protestantes. A experiência da separação entre o cristianismo católico e o evangélico não foi muito forte, e os dois estão vinculados em termos de conteúdo. Mais tarde, chegaram ao país o espiritismo, as religiões da África, os japoneses e as culturas do Oriente e, assim, o Brasil tem se tornado um mosaico religioso. Todas essas mudanças levaram os cientistas sociais ou das ciências humanas a estudar o fenômeno religioso.

Desse modo, encontramos um terreno fértil para as ciências da religião, apesar da dominação da matriz cristã no contexto atual. Entretanto, gradativamente, deve acontecer a passagem para a matriz plural no país.

Nesse contexto, a construção da unidade brasileira decorre da diversidade em todos os campos. A geografia brasileira é variada, assim como os aspectos culturais, possibilitando desenvolver as religiosidades e ao mesmo tempo migrar de uma para a outra.

Síntese

Neste sexto e último capítulo, buscamos apresentar a pluralidade brasileira em diversos campos, a qual se constitui em aspecto fundamental para as ciências da religião.

A diversidade brasileira abrange os campos geográfico, cultural, étnico e religioso. Além disso, evidenciamos as etnias distintas, das populações indígenas à diáspora africana, e, em seguida, as migrações europeias e dos árabes. Essas migrações deram origem às diversas matrizes de religiosidade que apresentamos.

Para finalizar, abordamos os contextos da nova realidade brasileira, com um crescente número de ateus e agnósticos e a análise do ateísmo e das irreligiosidades.

Indicações culturais

OS PEDAGÓGICOS. **Pluralidade cultural**: resolva essa questão e veja seu nível de conhecimento. 31 jul. 2019. Disponível em: <https://www.youtube.com/watch?v=lOGing4Ds2k>. Acesso em: 27 jun. 2022.

O vídeo trata das formas em que a pluralidade brasileira se apresenta, principalmente, por meio da convivência entre povos diferentes. A abordagem é dinâmica, realizada por dois professores do Ceará.

Atividades de autoavaliação

1. A diversidade geográfica brasileira pode ser dividida em regiões específicas com seus modos particulares. As regiões são:
   a) Norte, Nordeste, Centro-Oeste, Sudeste e Sul.
   b) Norte, Nordeste, Noroeste, Centro-Oeste e Sudeste.
   c) Europa, Ásia, África, Oceania e Américas.
   d) Amazonas, Litoral, Deserto, Pantanal e Cidades.
   e) Amazonas, América Latina, Peru e Pantanal.

2. No campo da diversidade religiosa, encontramos quatro matrizes principais, que são:
   A] matriz cristã, matriz protestante, matriz indígena e matriz árabe.
   B] matriz cristã, matriz indígena, matriz oriental e matriz japonesa.
   C] matriz indígena, matriz cristã, matriz africana e matriz oriental.
   D] matriz americana, matriz espírita, matriz Hare Krishna e matriz árabe.
   E] matriz cristã, matriz protestante, matriz australiana e matriz indígena do Chile.

3. O fator da globalização contemporânea deu a origem a uma nova identidade cultural, denominada:
   A] cultura moderna.
   B] cultura agrícola.
   C] cultura do descanso.
   D] cultural híbrida.
   E] cultura da diáspora.

4. Atualmente, a matriz religiosa dominante do Brasil é:
   A] matriz religiosa africana com 60% de adeptos.
   B] matriz religiosa oriental com 53% de adeptos.
   C] matriz religiosa cristã com mais de 80% de adeptos.
   D] matriz religiosa indígena com 51% de adeptos.
   E] matriz religiosa hinduísta com 48% de adeptos.

5. Três fatores distintos devem ser vistos quanto aos rumos acadêmicos, como disciplina, das ciências da religião:
   A] fragmentação do estudo da religião; evolução dos saberes científicos; evolução do fenômeno religioso brasileiro.
   B] fragmentação do estudo da religião; aglutinação de especialistas; evolução do fenômeno religioso brasileiro.

c) aglutinação de especialistas; evolução do fenômeno religioso brasileiro; violência étnica.

d) problemas sociais cotidianos; aglutinação de especialistas; evolução do fenômeno religioso brasileiro.

e) problemas sociais; aglutinação de especialistas; novidade na religião.

ATIVIDADES DE APRENDIZAGEM

Questões para reflexão

1. Convide quatro pessoas de quatro matrizes religiosas para um diálogo sobre o conteúdo religioso. Oriente-as a falar por 10 minutos, cada uma delas sobre o tema do amor na ótica da sua tradição. Depois, registre os aspectos relevantes levantados de cada explanação e os questionamentos advindos da troca de informações entre essas pessoas de diferentes tradições.

2. Qual é o papel das ciências da religião para promover respeito e amor pelas diferentes tradições religiosas?

Atividade aplicada: prática

1. Monte um cartaz que apresente os pontos importantes trazidos pelos convidados da atividade 1 da seção *Questões para reflexão*.

CONSIDERAÇÕES FINAIS

Depois de trilhar o caminho de seis capítulos com as análises de diversos assuntos pertinentes à religião, o questionamento que surge em nossa mente é: Afinal, o que são as ciências da religião? Este espaço é o momento adequado para responder a essas indagações, a fim de que haja certa clareza do assunto que acabamos de elaborar. As ciências da religião são uma disciplina empírica que investiga sistematicamente a religião em todas as suas manifestações. Um elemento-chave é o compromisso com o ideal da neutralidade (Usarski, 2006). Não é papel dessa disciplina questionar a verdade ou a qualidade de uma religião, mas sim fazer um inventário mais aberto dos fatos reais do mundo religioso, um entendimento real de origem do fenômeno religioso e sua diversidade na compreensão das regiões geográficas, assim como de sua relação com o cotidiano da vida humana.

No entanto, a tarefa não é tão simples como imaginamos, já que o cenário do mundo contemporâneo apresenta mudanças constantes e rápidas em diversos campos, principalmente no religioso. Os conceitos-chaves como *secularização, modernidade, pós-modernidade* e *globalização* tiveram seu impacto na sociedade, mas, na atualidade, ainda que existam, são vistos como ultrapassados. Hoje, fala-se sobre multiculturalidade ou multipolaridade ou convivência das culturas. Quer dizer: existem possibilidades de encontrar pessoas de diferentes culturas convivendo em um espaço limitado que, de certa forma, obriga as pessoas a se relacionarem, criando ambientes de amizade e harmonia. Essas pessoas são detentoras do conteúdo religioso com suas práticas específicas.

Essa realidade nos coloca outra inquietação. O que é a religião? A manifestação da religião ocorreu no decorrer da história em todas as partes do mundo, com semelhanças, diferenças e divergências. Nesse sentido, não podemos pensar em uma única definição fechada, pois a manifestação é universal. Usarski (2006, p. 125) apresenta o conceito da religião em quatro elementos:

> Primeiro, religiões constituem sistemas simbólicas com plausibilidades próprias.
>
> Segundo, do ponto de vista de um indivíduo religioso, a religião caracteriza-se como a afirmação subjetiva de que existe algo transcendental, algo extraempírico, algo maior, mais fundamental ou mais poderoso do que a esfera que nos é imediatamente acessível através do instrumentário sensorial humano.
>
> Terceiro, religiões se compõem de várias dimensões: particularmente temos de pensar na dimensão ritualista, na dimensão da experiência religiosa e na dimensão ética.
>
> Quatro, religiões cumprem funções individuais e sociais. Elas dão sentido à vida, alimentam esperanças para o futuro próximo ou remoto, sentido esse que algumas vezes transcende o da vida atual, e com isso possui a potencialidade de compensar sofrimentos imediatos.

As ciências da religião têm uma estrutura própria que é interdisciplinar, preservando uma relação com os saberes de outras ciências naturais e, ao mesmo tempo, independente. Importa anotar, de antemão, que qualquer disciplina científica tem uma história própria, mas nunca isolada do contexto social, econômico, político e religioso que a cerca. Toda disciplina científica se esforça por construir estatuto próprio que possibilite a autoidentificação, ou por se destacar em relação às demais disciplinas científicas ou, ainda, por se diferenciar daquilo que não é ciência.

Por outro lado, é certo afirmar, também, que nenhuma disciplina científica pode ser tomada, por si mesma, ou por aquele que a "vê de fora", como uma ilha. A ciência (e qualquer área que a componha) é sempre e necessariamente um construto histórico, e método algum está acima ou apartado da história em que ela se insere. É justamente essa condição que lhe permite descobrir e compreender, em seu tempo, as coisas do mundo natural e social. Justamente essa mesma condição é que permite a ela ser sempre atual, como é o caso das ciências da religião.

Nesta obra, apontamos diversas nomenclaturas adotadas pelos cientistas de religião. A razão da diversidade se encontra no fenômeno religioso, que se apresenta na forma múltipla em razão das realidades geográficas e culturais. Portanto, tratamos a questão do fenômeno religioso e sua relação com as ciências da religião. Mostramos a relação da teologia da tradição cristã com as ciências da religião; por quase 1.800 anos, houve a dominação de teologia, sem permitir nenhuma interferência em suas análises sobre a religião, principalmente na tradição católica.

Aprofundamos a compreensão da Sagrada Escritura, da Sagrada Tradição e do magistério em teologia, bem como dos mecanismos que deram a origem às mudanças de paradigmas teológicas. Além disso, contemplamos a relação das ciências da religião com outros saberes, como antropologia, geografia, filosofia, sociologia e psicologia.

Por fim, retratamos a realidade do cristianismo e o contexto da pluralidade brasileira. O cristianismo foi abordado desde sua origem até aos tempos atuais. Essa religião nasceu como um movimento iniciado por Jesus no interior do judaísmo, difundiu-se e tornou-se uma religião mundial, porém sofreu por diversas ramificações com o passar dos séculos, como Cisma do Oriente, Reforma Protestante e pentecostalismo.

Já sobre a realidade brasileira, tratamos da diversidade em campos diversos, como os campos geográfico, cultural, étnico e religioso, e o contexto atual ateísta e irreligioso. Identificamos, assim, uma nova identidade sociocultural do Brasil.

A situação da disciplina das ciências da religião é muito complexa e envolve, em primeiro lugar, um profundo conhecimento da história das religiões, que é o objeto de análise e uma colaboração entre as religiões particulares. No Brasil, essa disciplina é relativamente nova, embora o campo religioso por aqui apresente uma pluralidade também religiosa, com a presença de religiões nativas como a indígena, o candomblé, a umbanda e o espiritismo.

Finalmente, percebemos que religião e ciência caminham de mãos dadas e que são sistemas de compreensão e interpretação do mundo. Como sabiamente apresenta Usarski (2006, p. 130):

> No decorrer do processo de secularização, isto é, na medida em que a ciência como forma específica de compreensão do mundo ganhou cada vez mais aceitação coletiva na cultura ocidental, a interpretação cosmológica religiosa tem perdido sua plausibilidade para a maioria da população dos países correspondentes, Devido ao triunfo das ciências exatas na modernidade, é inevitável aceitar, do ponto de vista de um indivíduo religioso, que a doutrina a bíblica de criação seja apenas uma imaginação simbólica de verdadeiros eventos cósmicos. Nesse sentido, podem coexistir na consciência moderna os dois referenciais, ou melhor, os relevantes textos bíblicos e as teorias astrofísicas atuais.

De qualquer forma, no contexto contemporâneo, há a convivência, pacífica ou conflitiva, entre as pessoas de diferentes religiões, a qual deve transcender ao nível do conhecimento teórico ofertado e coordenado pelas ciências da religião.

REFERÊNCIAS

ABHISHIKTANANDA. **Guru and disciple**. London: Speck, 1974.

AGNOLIN, A. O debate entre história e religião em uma breve história da história das religiões: origens, endereço italiano e perspectivas de investigação. **Projeto História**, São Paulo, n. 37, p. 13-39, dez. 2008. Disponível em: <https://revistas.pucsp.br/revph/article/download/3042/1955/6796>. Acesso em: 22 jul. 2022.

AGNOLIN, A. **História das religiões**: perspectiva histórico-comparativa. São Paulo: Paulinas, 2013.

ALBUQUERQUE, E. A história das religiões. In: USARSKI, F. (Org.). **O espectro disciplinar da ciência da religião**. São Paulo: Paulinas, 2007. p. 19-52.

ALVES, L. A. S. **Cultura religiosa**: caminhos para a construção do conhecimento. Curitiba: Ibpex, 2009.

ALVES, L. A.; ALVES, M. H. História das religiões. In: JUNQUEIRA, S. R. A. (Org.). **O sagrado**: fundamentos e conteúdo do ensino religioso. Curitiba: Ibpex, 2009. p. 39-66.

Amaladoss, M. **Pela estrada da vida**. São Paulo:Paulinas, 1995.

AMALADOSS, M. **Rumo à plenitude**: em busca de uma espiritualidade integral. São Paulo: Loyola, 1997.

ANAND, S. **Hindu Inspirations for Christian Reflections**: Towards a Hindu-Christian Theology. Gujarat Sahitya Prakash, 2004.

ANDRADE, J. Da pluralidade rumo ao diálogo inter-religioso. In: VALLE, E. (Org.). **Diálogo profético e missão**. Campinas: Komedi, 2005. p. 30-45.

ANDRADE, J. **Dançarino divino**: um estudo antropológico sobre a dança clássica indiana. 2003. Dissertação (Mestrado em Antropologia Social) – Universidade Federal do Paraná, Curitiba, 2003.

ANDRADE, J. Deus do deserto, Deus do vale: a geografia como ponto de partida para a compreensão do fenômeno religioso. **Interação**, v. 5, n. 7, p. 13-38, jan./jun.2010. Disponível em: <http://periodicos.pucminas.br/index.php/interacoes/article/view/6450>. Acesso em: 24 jul. 2022.

ANDRADE, J. **Relações ecumênicas e inter-religiosas**: construindo uma ponte entre as religiões.Curitiba: InterSaberes, 2019.

BARSALINI, G.; AMARAL, D. A(s) ciências da(s) religião(ões) e seus paradigmas. **Revista de Teologia e Ciências da Religião**, v. 6, n. 1, p. 125-144, 2016. Disponível em: <https://scholar.google.com.br/citations?view_op=-view_citation&hl=pt-BR&user=zwGSo8YAAAAJ&citation_for_view=-zwGSo8YAAAAJ:0EnyYjriUFMC>. Acesso em: 5 jul. 2022.

BÍBLIA DE JERUSALÉM. Português. São Paulo: Paulus, 2002.

BITTENCOURT, R. Identidade e alteridade na história da formação sociocultural brasileira. **Revista Expedições: Teoria da História e Historiografia**, v. 4, n. 2, p. 124-147, 2013. Disponível em: <https://www.revista.ueg.br/index.php/revista_geth/article/view/2098>. Acesso em: 24 jul. 2022.

BOCHENSKI, J. M. **Diretrizes do pensamento filosófico**. 6. ed. São Paulo: EPU, 1977.

BONDER, N. **Tirando os sapatos**: o caminho de Abraão, um caminho para o outro. Rio de Janeiro: Rocco, 2008.

BOWKER, J. **Para entender as religiões**: as grandes religiões mundiais explicadas por meio de uma combinação perfeita de texto e imagens. São Paulo: Ática, 1997.

BRIGHENTI, A. **Por uma evangelização inculturada**: princípios e passos metodológicos. São Paulo: Paulinas, 1998.

CANCLINI, N. G. **Diferentes, desiguales y desconectados**: mapas de la interculturalidad. Barcelona: Gedisa, 2004.

CONCÍLIO VATICANO II. **Compêndio do Vaticano II**: constituições, decretos e declarações. Petrópolis: Vozes,1987.

DALAI-LAMA. **Uma ponte entre as religiões**: por uma verdadeira comunhão de fé. São Paulo: M. Fontes, 2015.

DURKHEIM, E. **As formas elementares da vida religiosa**: o sistema totêmico na Austrália. Tradução de Joaquim Pereira Neto. São Paulo: Paulinas, 1989.

ELIADE, M. **Tratado de história das religiões**. São Paulo: M. Fontes, 2008.

FERNANDEZ, J. The Argument of Images and the experience of Returning to the Whole. In: TURNER, V.; BRUNER, E. **The Anthropology of Experience**. Chicago: Illinois Book Edition, 1986. p. 159-187.

FILORAMO, G.; PRANDI, C. **As ciências das religiões**. São Paulo: Paulus, 2005.

FRANCO, C. Ateísmo, evolução e cognição: bases conceituais de sustentação do neodarwinismo de Richard Dawkins. In: VALLE, E.(Org.). **Ateísmos e irreligiosidades**: tendências e comportamentos. São Paulo: Paulinas, 2018. p. 35-58.

FRAZER, J. **O ramo de ouro**. Rio de Janeiro: Guanabara, 1982.

GEERTZ, C. **A interpretação das culturas**. Rio de Janeiro: LTC, 1989.

GEERTZ, C. **Negara**: o estado teatro no século XIX. Rio de Janeiro: Bertrand Brasil, 1991.

GHEORGHIU, V. **A vida de Maomé**. Lisboa: Edições 70, 2001.

GIL FILHO, S. F. Paisagem religiosa. In: JUNQUEIRA, S. R. A. (Org.). **O sagrado**: fundamentos e conteúdo do ensino religioso. Curitiba: Ibpex, 2009. p. 91-118.

GRESCHAT, H. **O que é ciência da religião?** São Paulo: Paulinas, 2006.

GRIFFITHS, B. **The marriage of East and West**. London: Norwich Press, 1993.

GROSS, E. Considerações sobre a teologia entre estudos da religião. In: TEIXEIRA, F. (Org.). **A(s) ciência(s) da religião no Brasil**: afirmação de uma área acadêmica. São Paulo: Paulinas, 2001. p. 323-346.

HERNANDEZ, J. **Fenomenología y Filosofía de la Religion**. Madrid: Biblioteca de Autores Cristianos, 1999.

HOBSBAWM, E.; RANGER, T. **A invenção das tradições**. Rio de Janeiro: Paz e Terra, 1984.

JORDÃO, F. A religião sob o ponto de vista filosófico. **Revista Filosófica de Coimbra**, n. 4, v. 2, p. 295-311, 1993. Disponível em: <https://www.uc.pt/

fluc/dfci/public_/publicacoes/religiao_sob_o_pv_filosofico>. Acesso em: 24 jul. 2022.

KNITTER, P. **Introducing Theologies of Religions**. New York: Orbis Books, 2002.

KNITTER, P. **Jesus e os outros nomes**: missão cristã e responsabilidade global. São Bernardo do Campo: Nhanduti, 2010.

KROEBER, A.; KLUCKHOHN, C. Culture: A Critical Review of Concepts and Definitions. **Harvard University Peabody Museum of American Archeology and Ethnology Papers**, v. 47, 1952.

KUNG, H. **Religiões do mundo**: em busca dos pontos comuns. Campinas: Verus, 2004.

KUNG, H. **Teologia a caminho**: fundamentação para o diálogo ecumênico. São Paulo: Paulinas, 1999.

LARAIA, R. de B. As religiões indígenas: o caso tupi-guarani. **Revista USP**, São Paulo, n. 67, p. 6-13, set/nov. 2005. Disponível em:<https://www.revistas.usp.br/revusp/article/viewFile/13451/15269>. Acesso em: 12 jul. 2022.

LAZAR, S.; UEFFING, M. (Org.). **Intercultural Mission**. New Delhi: ISPCK, 2015. v. 2.

LIMA, M. Ciência da religião, ciências da religião, ciências das religiões? Observações de um antropólogo a partir da experiência no corpo docente de um programa de pós-graduação da área. In: TEIXEIRA, F. (Org.). **A(s) ciência(s) da religião no Brasil**: afirmação de uma área acadêmica. São Paulo: Paulinas, 2001. p. 197-232.

MAALOUF, A. **O mundo em desajuste**: quando nossas civilizações se esgotam. Rio de Janeiro: Diffel, 2011.

MAÇANEIRO, M. **O labirinto sagrado**: ensaios sobre a religião, psique e cultura. São Paulo: Paulus, 2011.

MARIANO, A. L. S. Anotações sobre religião e formação de professores. **Revista Lusófona de Ciência das Religiões**, ano VI, n. 12, p. 109-116, 2007. Disponível em: <https://recil.ensinolusofona.pt/bitstream/10437/4156/1/anotacoes_sobre_religiao_e_formacao_de_professores.pdf>. Acesso em: 12 jul. 2022.

MARQUES, A. C. B.; ROCHA, M. Memórias da fase inicial da ciência da religião no Brasil – entrevistas com Edênio Valle, José J. Queiroz e Antonio Gouvêa Mendonça. **Revista de Estudos da Religião**, n. 3, v. 7, p. 192-214. 2007. Disponível em: <https://www.pucsp.br/rever/rv1_2007/p_entrevista.pdf>. Acesso em: 24 jul. 2022.

MATTHEW, A. **Culture and Anarchy**. London: Cornhill Magazine, 1869.

MENDONÇA, A. A cientificidade das ciências da religião. In: TEIXEIRA, F. (Org.). **A(s) ciência(s) da religião no Brasil**: afirmação de uma área acadêmica. São Paulo: Paulinas, 2001. p. 103-150.

PASSOS, J. D. A teologia e os outros saberes: dos paralelismos ao diálogo. In: MARIANI, C. B.; ABREU, E. H. **Diálogo aberto**: teologia, saberes e cultura. São Paulo: Paulinas; Unisal, 2013. p. 19-48.

PASSOS, J. D. **Como a religião se organiza**: tipos e processos. São Paulo: Paulinas, 2006.

PASSOS, J. D. Teologia e ciência da religião: identidades e relações. **Ephata**, v. 1, n. 0, 2019, p. 113-136. Disponível em: <https://revistas.ucp.pt/index.php/ephata/article/view/295>. Acesso em: 5 jul. 2022.

QUEIRUGA, A. T. **Recuperar a criação**: por uma religião humanizadora. São Paulo: Paulus, 1999.

RADHAKRISHNAN, S. **The Hindu View of Life**. London: Unwin Books, 1971.

RODRIGUES, S. Alister McGrath versus Richard Dawkins: um debate entre dois cientistas da área biológica. In: VALLE, E. (Org.). **Ateísmos e irreligiosidades**: tendências e comportamentos. São Paulo: Paulinas, 2018. p.59-80.

SANTOS, E. C. dos. **A lugaridade sagrada indígena Guarani Nãndewa do Tekwa Xi'Inguy da região do Morro do Anhangava em Quatro Barras – PR**. 2018. Tese (Doutorado em Geografia, Setor de Ciências da Terra) – Universidade Federal do Paraná, Curitiba, 2018. Disponível em: <https://acervodigital.ufpr.br/handle/1884/57858>. Acesso em: 12 jul. 2022.

SANTOS JÚNIOR, R. N. **Aprendendo a ensinar**: uma introdução aos fundamentos filosóficos da educação. Curitiba: InterSaberes, 2013.

SANTOS, T. Geografia do Brasil: estudo das características físicas e naturais do país. **Educa mais Brasil**, 3 dez. 2018. Disponível em: <https://www.educamaisbrasil.com.br/enem/geografia/geografia-do-brasil>. Acesso em: 26 jul. 2022.

SCHILLEBEECKX, E. **The Church**: The Human Story of God. New York: Crossroad, 1990.

SCHMIDT, B. A antropologia da religião. In: USARSKI, F. (Org.). **O espectro disciplinar da ciência da religião**. São Paulo: Paulinas, 2007. p. 53-96.

SOARES, A. A teologia em diálogo com a ciência da religião. In: TEIXEIRA, F. (Org.). **A(s) ciência(s) da religião no Brasil**: afirmação de uma área acadêmica. São Paulo: Paulinas, 2001. p. 281-306.

SOARES, A. Prefácio. In: USARSKI, F. **Constituintes da ciência da religião**: cinco ensaios em prol de uma disciplina autônoma. São Paulo: Paulinas, 2006.

TEIXEIRA, F. (Org.). **A(s) ciência(s) da religião no Brasil**: afirmação de uma área acadêmica. São Paulo: Paulinas, 2001.

TERRIN, A. N. **Antropologia e horizontes do sagrado**: culturas e religiões. São Paulo: Paulus, 2004.

THEISSEN, G. **A religião dos primeiros cristãos**: uma teoria do cristianismo primitivo. São Paulo: Paulinas, 2009.

TURNER, V. **O processo ritual**: estrutura e antiestrutura. Petrópolis: Vozes, 1974.

USARSKI, F. **Constituintes da ciência da religião**: cinco ensaios em prol de uma disciplina autônoma. São Paulo: Paulinas, 2006.

USARSKI, F. O caminho da institucionalização da ciência da religião: reflexões sobre a fase formativa da disciplina. **Religião & Cultura**, São Paulo, v. 2, n. 3, jan./jun. 2003, p. 11-28.

USARSKI, F. (Org.). **O espectro disciplinar da ciência da religião**. São Paulo: Paulinas, 2007.

VALLE, E. A psicologia da religião. In: USARSKI, F. (Org.).**O espectro disciplinar da ciência da religião**. São Paulo:Paulinas, 2007. p. 121-170.

VALLE, E.(Org.). **Ateísmos e irreligiosidades**: tendências e comportamentos. São Paulo: Paulinas, 2018.

VALLE, E. **Diálogo profético e missão**. Campinas: Komedi, 2005.

VIGIL, J. **Teologia do pluralismo religioso**: para uma releitura pluralista do cristianismo. São Paulo: Paulus, 2006.

WILFRED, F. **On the Banks of Ganges**: Doing Contextual Theology. Delhi, India: ISPCK, 2002.

BIBLIOGRAFIA COMENTADA

AGNOLIN, A. **História das religiões**: perspectiva histórico-comparativa. São Paulo: Paulinas, 2013.
A obra apresenta a história das religiões na perspectiva histórico-religiosa, ao mesmo tempo embasada em autores antropólogos, sociólogos e historiadores das religiões. A primeira parte concentra-se na fundamentação do fenômeno do sagrado como fenômeno universal. Neste livro, é interessante notar o tratamento dado à fenomenologia das religiões: uma leitura antropológica, mas com apontamentos claros. A segunda parte trata da problemática do religioso que deu a origem aos diversos conflitos e às diversas ciências. O autor consegue dialogar com as manifestações contemporâneas e, assim, estabelece um possível diálogo entre a religião e a sociedade.

FILORAMO, G.; PRANDI, C. **As ciências das religiões**. São Paulo: Paulus, 2005.
Fundamental para as ciências da religião, este livro traz profundidade de conteúdo sobre as religiões. Nunca como na atualidade, a religião foi o objeto de pesquisa em diversas disciplinas; existem especializações e multiplicações de planos acadêmicos das histórias religiosas particulares, as quais visam obter mais conhecimentos. Essa obra é ponto de partida para esse tipo de pesquisa.

KUNG, H. **Teologia a caminho**: fundamentação para o diálogo ecumênico. São Paulo: Paulinas, 1999.
Esta obra fala da tradição cristã sob uma perspectiva histórica. Apresenta as mudanças que aconteceram no decorrer dos séculos, que

o próprio autor introduz como um novo paradigma pós-moderno em suas dimensões históricas, bíblicas, ecumênicas e políticas. O autor dialoga com outras ciências naturais, embora sua intenção seja apresentar uma teologia ecumênica para os tempos atuais.

TEIXEIRA, F. (Org.). **A(s) ciência(s) da religião no Brasil**: afirmação de uma área acadêmica. São Paulo: Paulinas, 2001.
A obra traz uma visão geral da religião e de seu estudo mais sistemático nas universidades. É composta de reflexões de diversos especialistas da área, que apresentam suas ideias criticamente, levando discussões ao campo acadêmico nas áreas de pesquisa. É uma abordagem interdisciplinar que traz *insights* para novas pesquisas no campo da religião.

USARSKI, F. (Org.). **O espectro disciplinar da ciência da religião**. São Paulo: Paulinas, 2007.
Coletânea de artigos escritos por especialistas em suas áreas de ciências sociais intimamente vinculadas às ciências da religião. A obra abre com uma abordagem geral sobre a história das religiões. Depois, apresenta as relações com áreas como antropologia, sociologia, psicologia, geografia, estética, ciências naturais e teologia. É um convite para o pesquisador interagir com diversos saberes.

RESPOSTAS

Capítulo 1

ATIVIDADES DE
AUTOAVALIAÇÃO
1. a
2. c
3. c
4. d
5. a

Capítulo 2

ATIVIDADES DE
AUTOAVALIAÇÃO
1. b
2. a
3. c
4. b
5. d

Capítulo 3

ATIVIDADES DE
AUTOAVALIAÇÃO
1. c
2. a
3. d
4. b
5. a

Capítulo 4

ATIVIDADES DE
AUTOAVALIAÇÃO
1. b
2. b
3. d
4. c
5. a

Capítulo 5

Atividades de autoavaliação
1. a
2. b
3. b
4. c
5. a

Capítulo 6

Atividades de autoavaliação
1. a
2. c
3. d
4. c
5. b

SOBRE O AUTOR

Joachim Andrade, nascido na cidade de Mangalore, no sul da Índia, chegou ao Brasil em 1992. Depois de uma breve passagem em Brasília para aprender idioma e cultura brasileiros, iniciou seus trabalhos em Curitiba como missionário da Congregação do Verbo Divino. Doutor em Ciências da Religião pela Pontifícia Universidade Católica de São Paulo (PUC-SP). Mestre em Antropologia Social pela Universidade Federal do Paraná (UFPR). Especialista em Dança Clássica Indiana pelo Gyan Ashram, Institute of Performing Arts, de Mumbai, Índia. Em seu país de origem, formou-se em Filosofia e Teologia pelo Pontifício Instituto de Jnana Deepa Vidyapeeth, de Pune, e em Literatura Inglesa e História pela Universidade de Mysore.

Publicou diversos artigos científicos e é autor do livro *Dança clássica indiana: história, evolução, estilos*. Foi coordenador da Dimensão do Ecumenismo e Diálogo Inter-religioso pela Arquidiocese de Curitiba. Atualmente, é membro da equipe interdisciplinar da Conferência dos Religiosos do Brasil (CRB) e assessor do Centro Cultural Missionário, dirigido pela Conferederação Nacional dos Bispos do Brasil (CNBB), em Brasília. Também é professor de Teologia na PUC-PR, na Faculdade Claretiana – Studium Theologicum e na Faculdade Vicentina, todas em Curitiba.

Impressão:
Agosto/2022